EXPLICATION DES PLANCHES

EXPLICATION DES PLANCHES

N. B. — Toutes les planches ont été dessinées d'après nature et reportées sur pierre lithographique par l'auteur, pour éviter toute erreur d'interprétation du dessin. Les contours et les détails ont été pris à la chambre claire, grandeur naturelle, et les ombres ont été reproduites, d'après les conventions habituelles.

Nous nous bornons dans ces explications à donner la caractéristique des objets contenus dans chaque planche, renvoyant aux chapitres spéciaux pour la discussion et l'interprétation de ces diverses formes.

Les pièces sont toutes représentées de grandeur naturelle. Les mensurations sont données dans le texte en millimètres.

LAUGERIE-HAUTE

PLANCHE I

Pointes foliacées ovalaires à deux pointes

Fig. 1. Une pointe, vue sur ses deux faces: *a* et *b*, coupe transversale *c*. — longueur 85 mm., largeur 30 mm., épaisseur 4 mm. en beau silex ambré, absolument transparente.

Cette jolie pièce, de grandeur moyenne, peut être prise comme type des pointes foliacées de Laugerie-Haute. Elle est d'un bel ovale, se prolongeant par deux pointes fines et délicates, dont l'une retouchée avec plus de soin, constitue la pointe pénétrante, l'autre étant destinée à s'enfoncer dans la fente du manche. Les retouches, sur les deux faces, forment des bandes parallèles, véritables coups de rabot, donnant à la surface un aspect d'une grande régularité, obtenue par la pression du retouchoir ; les bords sont très tranchants.

Fig. 2. Pointe de même type et même dimension, vue de face *a*, coupe transversale *b*, la surface est plus grossièrement finie ; silex noirâtre.

Fig. 3. Même type plus allongé ; silex ambré sombre.

Fig. 4. Même type légèrement asymétrique ; silex noir.

Fig. 5. Même type plus grossier ; silex noir.

Fig. 6. Pointe de flèche, même type, très délicate, longueur 40 mm., largeur 18 mm., épaisseur 4 mm., silex ambré.

Fig. 7. Pointe de flèche, même type ; silex noir.

PLANCHE II

(Suite)

Fig. 1. Grande pointe ovalaire, ayant servi d'armature d'épieu : longueur 193 mm., largeur 67 mm., épaisseur 20 mm.

Cette pièce bien proportionnée porte à sa surface les mêmes dépressions en bandes régulières dues à l'enlèvement d'éclats par pression. — Cassure ancienne; silex gris-bleuté.

Fig. 2. Pointe moyenne, même type, de face *a*, coupe transversale *b* ; silex noir.

Fig. 3. Même type, de face *a*, coupe transversale *b* ; silex noir.

Fig. 4. Même type légèrement asymétrique ; silex grisâtre.

Fig. 5. Même type, même disposition ; silex jaunâtre.

PLANCHE III

Pointes foliacées ovalaires à talon

Fig. 1. Une pointe vue de face *a*, coupée transversalement *b* ; longueur 113 mm., largeur maximum 40 mm., épaisseur 8 mm.

L'extrémité pénétrante s'effile en une pointe très aiguë, l'extrémité opposée s'arrondit brusquement en s'amaincissant en coin pour l'emmanchure. Surface retouchée à grands éclats ; silex gris foncé.

Fig. 2. Pointe même type, de face *a*, coupée transversalement *b*, dimensions presque identiques, minceur plus grande : 0.006. Les retouches de la surface sont très régulières et très délicates ; silex gris-blanchâtre

Fig. 3. Pointe de flèche, même type, très élégante, très finement retouchée ; silex ambré.

Fig. 4. Même type, plus grossier ; silex noir.

Fig. 5. Même type, à talon allongé ; silex noir.

Fig. 6. Même type, à talon court : silex noir.

Fig. 7. Même forme : silex noir.

PLANCHE IV

Pointes foliacées losangiques

Fig. 1. Type de cette série : longueur 105 mm., largeur 30 mm., épaisseur 4 mm. Le losange est en réalité formé par deux triangles isocèles affrontés, base contre base, et légèrement inégaux, celui servant de pointe pénétrante est plus élancé, l'autre plus court est destiné à l'emmanchure. Cassure ancienne à la rencontre des deux bases : silex blond.

Fig. 2. Même type, plus élargi, la distinction entre l'affectation spéciale des deux pointes est très nette sur cette pièce ; silex noir.

Fig. 3. Pointe de flèche losangique, taille grossière ; silex bleuâtre.

Fig. 4. Même type, taille très délicate ; silex ambré.

Fig. 5. Même type, la pointe pénétrante est très effilée : silex brun.

Fig. 6. Même type, losange presque régulier ; silex noir.

PLANCHE V

(Suite)

Fig. 1. Grande pointe de ce type, de face *a*, coupée transversalement *b*, longueur 165 mm., largeur 50 mm., épaisseur 9 mm., avec pointe pénétrante très aiguë et pointe opposée en soie élargie pour l'emmenchure; silex ambré.

Fig. 2. Pointe encore plus grande, de même type : longueur 190 mm., largeur 58 mm., épaisseur 10 mm. ; silex grisâtre.

— 5 —

PLANCHE VI

(Suite)

Fig. 1-2. Les deux pièces 1 et 2 provenant de deux pointes différentes donnent l'allure d'une pièce de premier ordre irrégulièrement losangique. La pièce 1 n'est qu'une pointe aiguë s'adaptant à la pièce principale 2. Cette dernière, vue de face en *a* et coupée transversalement en *b*, n'atteint malgré ses dimensions que 5 mm. d'épaisseur .En silex ambré, avec reflets violacés, elle laisse passer la lumière par transparance. Les deux faces très planes sont retouchées avec une délicatesse extrême. La pointe inférieure obtuse était destinée à l'emmanchure.

Fig. 3. Extrémité d'une pointe, très délicate ; silex ambré.

Fig. 4. Même type ; silex ambré,

Fig. 5. Même type : silex jaune-brun.

Fig. 6. Même type ; patine blanche.

Fig. 7. Même type ; silex gris.

Fig. 8. Même type : silex jaune.

PLANCHE VII

Pointes foliacées rectangulaires allongées

Fig. 1. Pointe de flèche présentant le type bien caractérisé, très fines retouches sur les deux faces, bords très-tranchants ; silex gris.

Fig. 2. Même type, dimensions moindres : silex noir.

Fig. 3. Grande pointe de ce type, de face *a*, coupe transversale *b*, avec fines retouches sur les deux faces. Longueur 150 mm., largeur 40 mm., épaisseur 5 mm. : silex brun rougeâtre.

Fig. 4. Extrémité d'une même pointe : silex gris.

Fig. 5. Fragment du même type : silex jaune.

Fig. 8. Fragment semblable : silex jaune.

Fig. 9. Extrémité d'une même pointe : silex jaune.

PLANCHE VIII

Pointes foliacées losangiques

C'est par erreur de mise en place sur la pierre lithographique, que la planche VII qui devait suivre la planche IX se trouve intercalée au milieu des pointes losangiques; il est facile de rétablir en pensée l'ordre logique de la succession de ces planches.

Fig. 2. Deux fragments se complétant pour donner une lourde armature d'épieu, très élargie : 70 mm. dans sa plus grande largeur, taille à grands éclats, pointe acérée ; silex brun-noir.

Fig. 3. Pointe massive losangique, les deux faces à grands éclats, deux pointes effilées; silex jaune.

Fig. 4. Même type, même conformation : silex jaune.

Fig. 5. Pointe ovalaire à talon : silex brun.

Fig. 6. Même type ; silex jaune.

PLANCHE IX

(Suite)

Fig. 1. Belle pointe losangique tendant à l'ovalaire, avec pointe pénétrante aiguë et
pointe d'emmanchure mousse : silex noir.

Fig. 2. Pointe de flèche losangique représentée sur ses deux faces *a* et *b*. Cette petite
pièce d'une délicatesse extrème avec des retouches d'un grand fini est en
silex luisant noir.

Fig. 3. Extrémité d'une pointe très retouchée. en triangle aigu ; silex noir.

Fig. 4. Extrémité obtuse d'une autre pointe: silex jaune.

Fig. 5. Pointe losangique très régulière ; silex noir.

PLANCHE X

Pointes foliacées massives

Les pointes massives sont, en général, des ébauches à peine dégrossies par percussion destinées à devenir. par le fini dû à l'enlèvement d'éclats superficiels par pression,
les pointes terminées que nous venons de décrire. On peut donc les rapporter aux
types que nous avons établis précédemment.

Fig. 1. Pointe massive taillée à grands éclats. ovalaire, ayant pu servir de pointe
d'épieu, avec extrémité aiguë et talon d'emmanchure, de face *a*, coupe
transversale *b* ; silex blond.

Fig. 2. Pointe légèrement asymétrique, ovale à talon : silex jaune.

Fig. 3. Pointe losangique, à grands éclats : silex noir.

Fig. 4. Même type, à deux extrémités également effilées, taille à grands éclats ; silex
bleuté.

Fig. 5. Même type, légèrement asymétrique ; silex noirâtre.

PLANCHE XI

(Suite

Les pointes massives réunies dans cette planche marquent une seconde étape vers
l'achèvement. leur épaisseur que nous indiquons sur la coupe transversale de chacune
d'elles est beaucoup plus réduite par l'enlèvement d'éclats superficiels ; elles
n'attendent que la retouche finale pour devenir parfaites, prêtes pour l'utilisation.
Tous les échantillons sont représentés de face *a* et de profil *b*.

Fig. 1. Pointe ovalaire : silex noir.

Fig. 2. Même type, plus petit ; silex noir.

Fig. 3. Même type : silex ambré.

Fig. 4. Même type avec pointe effilée ; silex noir.

Fig. 5. Même type, extrémité très mousse ; silex noir.

PLANCHE XII

(Suite)

Mêmes observations :

Fig. 1. Pointe losangique. à gros éclats: teinte brune.

Fig. 2. Pointe ovalaire déjà plane : teinte brune.

Fig. 3. Petite pointe massive ; teinte ambrée clair.
Fig. 4. Pointe ovalaire grossière ; teinte gris-noirâtre.
Fig. 5. Même type ; teinte gris-jaunâtre.

PLANCHE XIII

Pointes à face plane

Fig. 1. Cette pointe qui sur une de ses faces, *a*, présente la retouche superficielle si
particulière des pointes foliacées présente la face opposée *b,* absolument
plane. C'est une forme de passage entre les deux types, forme ovalaire,
silex grisâtre.
Fig. 2. Pointe à talon avec même disposition, face plane opposée à celle représentée ;
silex jaunâtre.
Fig. 3. Pointe avec des retouches occupant la plus grande partie de la face, descendant
également sur les deux faces ; silex gris-noir.
Fig. 4. Même type ; silex noir.
Fig. 5. Pointe de flèche avec face délicatement retouchée, l'autre plane ; silex noir
brillant.
Fig. 6. Même type ; silex noir.
Fig. 7. Pointe triangulaire, vue en *a* sur sa face retouchée, en *b*, sur sa face plane,
très typique pour cette disposition ; silex jaune.

PLANCHE XIV

(Suite)

Fig. 1. La pointe représentée en *a* sur sa face retouchée, en *b* sur sa face plane est le
type d'une autre série où les retouches sont localisées. aux deux extrémités.
L'extrémité perforante est rendue très aiguë par ce procédé, l'extrémité
opposée s'effile en tranchant arrondi ; silex noir.
Fig. 2. Même type, plus petit ; silex gris.
Fig. 3. Même type ; silex ambré clair.
Fig. 4. Pointe avec retouches aux extrémités et sur une des faces. Vue sur sa face
retouchée en *a* et sur sa face plane en *b* ; silex ambré.
Fig. 5. Pointe de flèche, même type ; silex noir brillant.
Fig. 6. Même type ; silex noir.
Fig. 7. Même type ; silex noir.
Fig. 8. Pointe à talon épais, même type ; silex noir.
Fig. 9. Extrémité d'une pointe plus grande du même type ; silex noir.

PLANCHE XIV bis

Pointes à cran

Fig. 1. Premier type de *pointe à cran*, éclat à face plane, avec face opposée à deux
pans obliques retouchés vers la pointe très aiguë ; le cran est produit par
l'enlèvement d'une série d'éclats ; silex jaune.
Fig. 2. Type plus élancé, pedoncule brisé, quelques retouches à la pointe ; silex
ambré.

Fig. 3. Pointe large, avec cran profond, bord retouché, pédoncule complet pour l'emmanchure; silex gris;

Fig. 4. Forme à long pédoncule, la pointe pénétrante, en revanche, est très réduite, cette disposition est rare: silex jaune.

Fig. 5. Pointe d'allure losangique, le pédoncule allongé est retouché sur les bords; silex jaune.

Fig. 6. Grosse pointe large, sur laquelle le pan correspondant au cran est largement retouché, pédoncule brisé; silex noir.

Fig. 7. Pièce plus retouchée que la précédente, mais conservant cependant nettement indiquées les crêtes de la face saillante, cran bien marqué, pédoncule brisé; silex jaune.

Fig. 8. Les retouches serrées sur toute la face saillante font disparaître les crêtes et donnent à cette face l'aspect d'une pointe foliacée, avec un cran basilaire, la face opposée est plane; silex gris.

Fig. 9. Même type de forme plus élancée, très fines retouches sur toute la face saillante: silex noirâtre.

Fig. 10. Pointe très élargie, avec méplat central et deux pans finement retouchés, face opposée plane: silex noir.

Fig. 11. Même type, bien complet, avec pédoncule arrondi et même système de retouches sur les deux faces du méplat central; silex jaune,

Fig. 12. Fragment d'une pointe à face très délicatement retouchée: silex brun-luisant.

Fig. 13. Fragment de même ordre, pédoncule grossièrement taillé: silex brun.

PLANCHE XV

Pointes à dos

Fig. 1. Ces pointes comme les précédentes ont une face retouchée *a* et une face plane *b*, l'examen de la face retouchée met en relief le caractère de la retouche du pan gauche qui forme le dos de la lame tranchante et aiguë, placé à droite; silex brun.

Fig. 2. Même type plus allongé; silex noir.

Fig. 3. Même type; silex noir.

Fig. 4. Même disposition; silex jaune,

Fig. 5. Forme plus grossière, même allure; silex noir.

Fig. 6. Très belle pointe, plus largement retouchée, cependant la lame tranchante persiste: silex noir.

Fig. 7. Forme ordinaire; silex ambré.

Fig. 8. Forme triangulaire, à talon: silex noir.

Fig. 9. Forme intéressante par le détachement de la pointe légèrement rejetée à gauche: silex noir.

Fig. 10. Forme ordinaire; silex noir.

PLANCHE XVI

(Suite)

Fig. 1. Cette pointe à dos, avec face retouchée et face plane peut former le type d'une seconde série, légèrement incurvée, sorte de lame de serpette, à dos large constitué par des retouches parallèles, à lame fine et tranchante: silex jaune.

Fig. 2. Même type ; silex noir.
Fig. 3. Même type ; silex gris.
Fig. 4. Même type ; silex ambré.
Fig. 5. Type très délicat, avec pointe déjetée en bec très fin ; silex noir.
Fig. 6. Forme ordinaire ; silex noir.
Fig. 7. Même type ; silex noir.
Fig. 8. Type allongé, la lame de canif passe à la lame de couteau de poche, avec même disposition, dos retouché, lame tranchante ; silex gris.
Fig. 9. Forme identique ; silex jaune.
Fig. 10. Même type ; silex gris.
Fig. 11. Même type ; silex brun.

PLANCHE XVII

Pointes simples

Fig. 1. Ces éclats choisis parmi les formes élancées ont une face avec crêtes naturelles d'éclatement, *a*, et une face plane *b*. Cet échantillon, à pointe acérée, à bords très tranchants, est remarquable ; silex brun.
Fig. 2. Même type ; silex noir.
Fig. 3. Même type ; silex gris.
Fig. 4. Pointe-éclat de forme triangulaire ; silex gris.
Fig. 5. Même type ; silex noir.
Fig. 6. Très bel éclat, sans retouches, donnant une armature triangulaire d'une grande régularité ; silex ambré.
Fig. 7. Forme allongée ; silex brun.
Fig. 8. Forme allongée, éclat très pur et très régulier ; silex brun.
Fig. 9. Forme plus large ; silex brun.
Fig. 10. Même type ; silex gris.

PLANCHE XVIII

Poinçons

Nous avons réuni dans cette planche et la suivante, sous ce terme général, des instruments à pointe plus ou moins dégagée, se reliant par des intermédiaires aux armatures à face plane et conduisant insensiblement à des *perçoirs* nettement déterminés. Les formes à pointe mousse, élargie, ont pu servir de *lissoirs* dans le travail des peaux.

Fig. 1. Instrument du type *lissoir*. Comme les pointes précédentes, il a une face bombée avec retouches *a* et une face plane *b*. La pièce représentée, bien que brisée à la base, met en relief les caractères de la pointe qui s'est épaissie et perd la possibilité de pénétrer facilement dans les tissus ; elle tend à s'adapter au raclement des surfaces ; silex gris-bleu.
Fig. 2. Même type, lissoir complet, faisant intermédiaire entre la pointe à face plane et le type décrit. L'extrémité effilée s'émousse, l'autre extrémité s'étale et son bord incurvé tranchant a pu être utilisé pour le grattage ; silex jaune-brun.
Fig. 3. Même type, pointe épaisse et mousse ; silex brun.
Fig. 4. Pièce allongée, dont la pointe seule est retaillée ; patine blanche.

Fig. 5. Petite pièce retaillée de même ; silex noir.

Fig. 6. Même type ; silex noir.

Fig. 7. Pièce à pointe plus élancée, à base tranchante.

Fig. 8. Même type ; silex blond.

Fig. 9. Même type ; silex gris.

PLANCHE XIX

(Suite.)

Fig. 1. Lissoir à pointe mousse très élargie, instrument grossier, bien en main ; silex gris noir.

Fig. 2. Même type ; patine blanche.

Fig. 3. Grand éclat, à pointe détachée pour percer ; silex noir.

Fig. 4. Même disposition, pointe limitée par des éclats.

Fig. 5. Pointe bien détachée ; silex gris.

Fig. 6. Poinçon lourd, taillé dans un éclat de quartz laiteux.

Fig. 7. Scie se rattachant à la planche suivante. Elle a la forme asymétrique, limitée par deux bords, l'un supérieur convexe, l'autre inférieur rectiligne. Le bord convexe correspond à un dos élargi repris par des éclats obliques. Ce dos aboutit d'une part à la face plane de l'éclat supposée reposant sur le papier, d'autre part à la face visible, oblique de haut en bas. Elle s'incline très brusquement avant d'atteindre le bord inférieur et constitue la partie active de l'instrument, portant une série de denticulations régulières. D'une part, une pointe aiguë, de l'autre une extrémité mousse pouvant servir à l'emmanchure ; silex noir ardoisé.

PLANCHE XX

Scies. — Perçoirs.

Fig. 1. Scie, avec même disposition d'ensemble que la pièce précédente. Des deux bords, l'un est convexe, l'autre rectiligne, d'où asymétrie de la pièce marquée dans sa pointe, l'autre extrémité étant mousse par des retouches divergentes. Denticulations régulières ; silex brun-noirâtre.

Fig. 2. Même type, plus mousse aux deux extrémités ; silex brun. On peut rapporter à cette forme de nombreuses pièces de la collection.

Fig. 3. Nous réunissons trois grandes pièces sous le nom de perçoirs qui se rattachent directement aux poinçons. La première présente une pointe obtenue par une série d'éclats lui donnant la forme d'un pyramède à trois faces ; silex noir.

Fig. 4. Cette remarquable pièce, terminée par une pointe retouchée, se prolonge par une sorte de manche pour la préhension ; silex noir luisant.

Fig. 5. Lourd perçoir obtenu par la retouche d'un gros éclat, la pointe est très aiguë. Dans son ensemble, cette pièce semble une grosse pointe moustérienne retouchée pour un usage particulier ; silex grisâtre.

PLANCHE XXI

Becs de Perroquets

Nous réunissons dans cette planche des instruments plus ou moins incurvés, n'étant ni perçoirs, ni grattoirs, et qui se rapprochent par leurs pointes déjetées.

Fig. 1. Délicat petit instrument, à pointe aiguë, avec manche finement découpé par des retouches latérales. Il est légèrement incurvé vers la droite et forme le passage entre les poinçons et les pièces que nous allons décrire ; silex noir luisant.

Fig. 2. Instrument triangulaire à bord terminal oblique. Ce bord qui termine une face courte est tranchant et se prolonge en pointe latérale retouchée. Par sa forme cet instrument rappelle le tranchet des cordonniers ; silex noir.

Fig. 3. Même instrument, bord oblique très tranchant, pointe plus aiguë, incurvation en sens inverse de la précédente ; silex brun.

Fig. 4. Même type, très allongé, pointe en bec recourbé ; patine blanche.

Fig. 5. Même type, le bord oblique s'incurve et se perd dans l'un des bords donnant à l'instrument l'aspect semi lunaire. De nombreuses retouches assurent le tranchant de ce bord et du bord opposé légèrement concave ; silex ambré.

Fig. 6. Pièce très délicatement retouchée, rappelant les pointes à face plane, mais l'incurvation de la pointe ne permettait pas son utilisation comme armature. Extrémité aiguë déjetée, l'autre atténuée à bord convexe, mince, finement retouchée ; silex gris.

Fig. 7. Même allure, pointe en forme de bec, oblique en sens inverse ; silex noir brillant.

Fig. 8. Type analogue, sans retouches de la face saillante ; silex brun.

Fig. 9. Même type, incurvé en sens inverse, retouches délicates sur la face et les bords ; silex gris clair.

Fig. 10. Type semblable à pointe oblique plus épaisse, fait le passage aux perçoirs ; silex noir.

PLANCHE XXII

Ciseaux

Les ciseaux ou burins sont caractérisés par leur tranchant terminal obtenu par l'enlèvement de deux éclats obliques convergents.

Fig. 1. Echantillon à tranchant acéré, corps épais, extrémité opposée obtuse ; silex brun.

Fig. 2. Même type, tranchant nettement limité par un éclat parallèle à l'axe de l'outil ; silex brun.

Fig. 3. Forme massive ; silex gris.

Fig. 4. Type délicat, passant au burin ; silex noir.

Fig. 5. Tranchant très oblique, se terminant en pointe aiguë ; silex brun.

Fig. 6. Gros ciseau à corps large, à tranchant effilé ; silex noirâtre.

Fig. 7. Même type, l'extrémité correspondant à la main est rendue mousse par des retouches régulières.

Fig. 8. Même type, même talon, tranchant oblique.

Fig. 9 et 10. Vues en perspective du biseau.

Ces figures schématiques ont pour but de montrer l'aspect varié du tranchant, suivant la position donnée à ce tranchant et aux faces constituant le biseau qui le détermine. Elles sont destinées à permettre la lecture des figures dessinées sous des incidences diverses pour faire ressortir les caractères des petites faces qui délimitent la partie coupante du ciseau. Le ciseau pouvait servir à plein tranchant pour couper les tendons et les fibres du derme. Manié obliquement, par la pointe saillante du tranchant, il devenait un burin pour pratiquer des incisions sur les os ou le bois de renne. Les petits burins si caractéristiques du Magdalénien et destinés à la gravure manquent à Laugerie-Haute.

PLANCHE XXIII

Grattoirs simples

Fig. 1. Grattoir à tranchant sailllant en pointe mousse, fines retouches terminales, forme triangulaire ; silex gris.

Fig. 2. Pièce allongée avec retouches régulières sur le bord droit, tranchant saillant, extrémité opposée retaillée pour le contact de la main ; silex noir.

Fig. 3. Même type ; silex gris.

Fig. 4. Grattoir court, même tranchant saillant ; silex noir.

Fig. 5. Même type, plat ; silex gris.

Fig. 6. Type en rectangle allongé, tranchant saillant ; silex brun.

Fig. 7. Même type. plus grossier, la face droite est formée par la surface du rognon ; silex grisâtre.

Fig. 8. Type triangulaire oblong, à tranchant plus large ; silex gris.

PLANCHE XXIV

(Suite)

Fig. 1. Grattoir à tranchant plus élargi, rectangulaire allongé ; silex gris.

Fig. 2. Même type, bel échantillon ; patine blanche.

Fig. 3. Même type, plus léger ; silex noir.

Fig. 4. Même forme ; silex brun.

Fig. 5. Même forme, tranchant avec encoche ; silex brun.

Fig. 6. Grattoir triangulaire à tranchant élargi, à peine incurvé ; patine blanche.

Fig. 7. Même forme ; silex brun-noir.

Fig. 8. Pièce intéressante, de même allure, dont la surface a été reprise par des retouches analogues à celles des pointes foliacées. C'est probablement un débris d'armature repris pour cet usage nouveau.

PLANCHE XXV

(Suite.)

Fig. 1. Grattoir à tête épaisse, vu de dos en *a*, de profil en *b*, plus massive que les précédentes ; silex brun-noir.

Fig. 2. Même type, plus volumineux ; silex noir brillant.

Fig. 3. Même forme ; silex noir.

Fig. 4. Même forme ; silex brun.

Fig. 5. Bel échantillon, très pur, de ce type épaissi, forme oblongue ; silex brun.

Fig. 6. Même type, rectangulaire ; silex noir.

Fig. 7 Même type, triangulaire ; silex noir.

PLANCHE XXVI

Grattoirs doubles

Fig. 1. Grattoir rectangulaire allongé, retouché à ses deux extrémités pour déter-
miner deux tranchants incurvés ; patine blanchâtre.
Fig. 2. Même type ; silex blond.
Fig. 3. Forme courte, même disposition des extrémités ; silex brun.
Fig. 4. Forme élancée ; silex noir.
Fig. 5. Type massif, épais ; silex noir.
Fig. 6. Même forme, patine blanche.
Fig. 7. Forme courte, tranchants presque rectilignes ; silex noir.
Fig. 8. Même type ; silex brun.

PLANCHE XXVII

Grattoirs — Ciseaux

Ces grattoirs se prolongent en une sorte de queue limitée par deux éclats obliques
qui déterminent le tranchant, suivant la disposition des ciseaux et burins.
Fig. 1. Grand grattoir avec cette disposition caractéristique ; patine jaunâtre.
Fig. 2. Type triangulaire, à tranchant large, de belle courbe, double biseau de base
bien accusé ; silex blond.
Fig. 3. Type petit et épais, à tête saillante, ciseau à tranchant allongé, oblique.
Fig. 4. Même pièce de profil ; silex noir.
Fig. 5. Pièce lourde à tranchant très allongé ; silex brun.
Fig. 6. Même type ; silex brun.
Fig. 7. Forme plate, triangulaire, biseau délicat ; silex brun.
Fig. 8. Même type ; silex ambré.

PLANCHE XXVIII

Grattoirs discoïdes

Fig. 1. Grand disque très finement retouché sur ses deux bords les plus étendus,
pouvant être utilisé dans l'un ou l'autre sens ; silex brun.
Fig. 2. Disque retouché seulement sur un bord, l'autre servant de talon ; patine
blanche.
Fig. 3. Même forme, le bord opposé au bord tranchant est légèrement concave ;
silex blond.
Fig. 4. Disque à retouches continues, formant un bord tranchant circulaire ; silex
grisâtre.
Fig. 5. Disque épais, à bord concave retouché, grand éclat enlevé sur la face libre
pour la prise du pouce ; silex gris-bleuté.
Fig. 6. Disque allongé, avec enlèvement d'éclat pour le pouce, le bord convexe est
finement retouché en tranchant délicat ; patine jaunâtre.

PLANCHE XXIX

Grattoirs nucleiformes

Fig. 1. Disque épais, à crête saillante, à face plane reposant sur le papier, offrant des retouches sur son bord circulaire, et rappelant, de ce fait, la forme précédente, l'allure est celle d'un petit nucleus arrondi ; silex blond.

Fig. 2. Même type : silex noir.

Fig. 3. Petit cône nucleiforme reposant sur une base plane, sa surface est marquée de crêtes régulières longitudinales dues à l'enlèvement d'éclats, le bord circulaire de base est repris par de fines retouches.

Fig. 4. Grattoir nucleiforme type, vu de dos *a*, et de profil *b*. Eclat massif, à extrémité saillante formant tête et portant le tranchant : pièce très usée, enlèvement d'éclats sur ses bords, un talon réservé ; silex brun.

Fig. 5. Grattoir même type, vu de profil ; le front est plus oblique, face saillante marquée de nombreux éclats parallèles ; silex noir.

Fig. 6. Grattoir nucleiforme, vu de profil, pour faire ressortir l'épaisseur considérable de sa tête à front saillant. Ce front se prolonge par une face oblique retaillée par des éclats parallèles jusqu'au bord tranchant. La partie destinée à la prise ou à l'emmanchure forme un court pédoncule triangulaire.

Fig. 7. Même type, vu de profil, le tranchant vers la marge de la planche. La face est retaillée de même et aboutit au bord tranchant, le pédoncule est remplacé par un talon arrondi.

PLANCHE XXX

Lames

Fig. 1. Grande lame, à crête saillante, avec deux pans latéraux se terminant par un double bord tranchant. Extrémité mousse reprise par quelques retouches, talon de base : ces grandes lames étaient utilisées comme couteaux à deux tranchants : silex jaune-rougeâtre.

Fig. 2. Mêmes dimensions, face marquée de crêtes longitudinales dues à l'enlèvement d'éclats, bords très tranchants ; silex brun.

Fig. 3. Grand éclat, à crête médiane, utilisé dans le même but, prolongé d'une part en pointe triangulaire, s'atténuant d'autre part en une sorte de manche, écaillures sur les tranchants dues à l'usage ; silex blond.

Fig. 4. Lame courte, à pointe mousse, par retouche ; silex grisâtre.

Fig. 5. Même type, pointe plus effilée ; patine blanche.

PLANCHE XXXI

Lames

Fig. 1. Lame très régulière aiguë, à bords très tranchants ; silex brun.

Fig. 2. Même type ; silex brun.

Fig. 3. Lame courte, plus élargie ; silex brun.

Fig. 4. Même forme ; silex brun.

Fig. 5. Lame incurvée, même allure ; silex brun.
Fig. 6. Même type, vue par sa face plane ; silex brun.
Fig. 7. Très petite lame losangique ; silex brun.
Fig. 8. Même type ; silex jaune.
Fig. 9. Grande lame à nombreuses retouches d'entretien et d'utilisation sur les deux tranchants ; silex noir.

PLANCHE XXXII
Couteaux

Fig. 1. On peut considérer plus spécialement comme des couteaux les lames à un seul tranchant, le dos étant obtenu soit par de grands éclats, soit par des retouches. La lame représentée en *a*, a une coupe *b* qui met en relief cette disposition ; la coupe est presque un triangle rectangle dont le grand côté correspondant au pan oblique détermine le tranchant en rencontrant la face plane de l'éclat. L'incision qui détermine une sorte de pédoncule, se retrouve par de nombreuses pièces et semble jouer le rôle d'une soie pour l'emmanchure ; silex brun.
Fig. 2. Même type *a*, l'extrémité libre est retaillée en pointe aiguë, un pédoncule. Coupe *b* compliquée par l'adjonction d'une crête médiane, même tranchant ; silex brun.
Fig. 3. Type à pointe mousse et à pédoncule. Lame élargie très tranchante ; silex brun.
Fig. 4. Couteau à pointe mousse et à dos, de face *a*, en coupe *b*, même disposition ; silex noir.
Fig. 5. Même type, de face *a*, en coupe *b* ; silex brun.

PLANCHE XXXIII
Types moustériens

On remonte de loin en loin à Laugerie-Haute, à côté des nucleus et des rognons de silex, des instruments moustériens recueillis à la surface du sol et rapportés à la station. Nous réunissons les pièces les plus intéressantes pour la détermination de cette industrie.

Fig. 1. *Coup de poing acheuléen* très délicatement retouché sur ses deux faces *a* et *b*. Silex gris-noirâtre de la station du Moustier.
Fig. 2. Même type amygdaloïde, plus grossier ; même silex.
Fig. 3. Grand *racloir moustérien* ; silex gris-noir.
Fig. 4. *Pointe moustérienne* avec retouches caractéristiques : silex noir.
Fig. 5. Même type, légèrement asymétrique ; silex noir.

PLANCHE XXXIV
(Suite.)

Fig. 1. Grande *pointe moustérienne*, vue sur ses deux faces *a* et *b* ; retouches sur une des faces, bulbe de percussion très net ; silex noirâtre.
Fig. 2. Pointe semblable ; silex noir.
Fig. 3. Même type, vu sur la face plane, bulbe de percussion ; silex noir.
Fig. 4. Gros disque moustérien, retaillé à grands éclats sur les deux faces : silex noirâtre.
Fig. 5. Même forme ; même silex.

CRO-MAGNON

PLANCHE XXXV
Pointes foliacées

Fig. 1. Pointe foliacée typique, ovalaire, avec retouches délicates sur les deux faces, d'une part une extrémité aiguë, de l'autre un talon obtus ; silex gris-bleuté.

Fig. 2. Fragment de semblable armature, avec mêmes retouches ; silex brun.

Fig. 3. Pointe ovalaire à talon ; silex brun.

Fig. 4. Extrémité aiguë d'une pointe très délicate et très finement retouchée ; silex gris-bleuté.

Fig. 5. Même extrémité d'une pointe allongée ; silex gris.

Fig. 6. Même forme, même partie ; silex jaune.

Fig. 7. Armature à face plane, rappelant une pointe moustérienne, retouchée surtout sur les bords, forme d'amande à talon, pointe très aiguë ; patine blanche.

Fig. 8. Fragment d'une pointe massive d'épieu, à grands éclats ; silex brun.

PLANCHE XXXVI
Pointes diverses

Fig. 1. *Pointe à face plane*, d'allure foliacée, délicatement retouchée aux deux extrémités ; silex gris.

Fig. 2. Même type, très fine, très aiguë ; silex bleuté.

Fig. 3. Même type, très élégante, en forme de navette, à deux pointes également pénétrantes ; silex blond.

Fig. 4. *Pointe simple*, formée d'un éclat triangulaire sans retouches ; silex rose.

Fig. 5. Même type, à peine retouché ; silex rose.

Fig. 6. Même type ; silex brun.

Fig. 7. Pointe allongée, très fine, très pointue ; silex noir.

Fig. 8. Même forme ; silex noir.

Fig. 9. Même forme ; patine blanche.

Fig. 10. Même forme ; silex rose.

PLANCHE XXXVII
Grattoirs

Fig. 1. *Grattoir rectangulaire*, allongé. On peut le diviser en une partie supérieure portant le tranchant finement retouché et une partie inférieure, légèrement déjetée formant manche ; silex gris.

Fig. 2. Même type, le manche se termine par un talon formé par la surface du rognon, les bords sont retouchés sur toute leur longueur ; silex gris.

Fig. 3. Même allure ; silex gris.

Fig. 4. Même forme, échantillon très réussi, retouché sur les bords, à tranchant bien conservé ; patine blanche.

Fig. 5. Même forme, plus grossier ; silex gris.
Fig. 6. Type large avec tranchant se prolongeant obliquement sur le bord gauche ; silex gris-clair.

PLANCHE XXXVIII

(Suite.)

Fig. 1. *Grattoir triangulaire*, allongé, le tranchant est marqué de fines retouches, l'autre extrémité se prolonge en queue rendue mousse, ainsi que les bords convergents, par de nombreux éclats réguliers ; silex gris-jaunâtre.
Fig. 2. Même forme, moins finie et moins délicate ; silex brun.
Fig. 3. Même forme, à talon plus élargi ; patine blanche.
Fig. 4. Jolie pièce, très délicate, très finement retouchée sur les bords, pointe mousse terminant la queue ; silex ardoisé.
Fig. 5. Même type, plus grossier ; silex bleuté.
Fig. 6. Même forme que la précédente ; silex ambré.

PLANCHE XXXIX

(Suite)

Fig. 1. *Grattoir-ciseau*, à tranchant arrondi, à queue se terminant par le double biseau caractéristique ; silex ardoisé.
Fig. 2. Même forme, ciseau élargi ; silex ardoisé.
Fig. 3. *Grattoir double*, rectangulaire ; d'une part un large tranchant finement retouché, de l'autre un tranchant plus petit ; silex gris.
Fig. 4. Petit grattoir de ce type dont le pourtour est repris par une série continue de retouches ; silex jaune clair.
Fig. 5. Type à deux tranchants limités ; silex bleuté.
Fig. 6. Type allongé, à deux tranchants égaux ; patine blanche.
Fig. 7. Même forme, larges retouches sur les bords ; silex bleuté.
Fig. 8. Grattoir délicat, épais, retouché sur tout son pourtour, tranchant mince d'une part, extrémité mousse d'autre part ; patine blanche.

PLANCHE XL

(Suite)

Fig. 1. Grattoir asymétrique, à tranchant frontal se prolongeant sur le bord gauche ; patine blanche.
Fig. 2. Grattoir ovalaire, retouche sur tout son pourtour ; silex jaunâtre.
Fig. 3. *Grattoir discoïde*, à large tranchant, la partie opposée forme talon, larges éclats sur la face saillante ; silex jaunâtre.
Fig. 4. Grattoir du même type, mais plus allongé ; patine blanche.
Fig. 5. *Grattoir à tranchant rectiligne*, forme rectangulaire presque régulière ; patine blanche.
Fig. 6. Même type, le tranchant est très typique ; silex bleuté.

Fig. 7. *Grattoir à bec*, formant le passage aux becs de canard de Ressaulier, talon
épais, tranchant terminant une pointe épaisse reprise par des éclats
longitudinaux ; silex noir.

Fig. 8. *Grattoir nucléiforme*, vu de face *a*, de profil *b*. absolument identique au
même type de Laugerie-Haute ; tête saillante à face oblique marquée de
longs éclats parallèles, tranchant aux retouches régulières. La tête se
prolonge d'autre part par une sorte de talon court, pyramidal ; patine
blanche.

PLANCHE XLI

Lissoirs — Scies

Fig. 1. Lame à extrémité retouchée pour le travail des peaux correspondant aux
instruments que nous avons désignés sous le nom de lissoirs ; silex bleuté.

Fig. 2. Lame très large façonnée de la même façon à la pointe ; silex bleuté.

Fig. 3. Même type, pointe plus aiguë ; silex gris-bleuté.

Fig. 4. *Scie* caractérisée par l'enlèvement régulier d'éclats, formant des dents sur
le bord droit de l'instrument ; silex jaunâtre.

Fig. 5. Petite scie obtenue par le même procédé en transformant une petite lame à
dos élargi ; un petit manche a été réservé à ce délicat instrument ; silex
bleuté.

Fig. 6. Scie du type Laugerie-Haute, les denticulations sont spéciales au bord
convexe ; silex brun.

PLANCHE XLII

Scies

Fig. 1. Grande lame plate transformée en scie, avec talon pour la main et lame
insensiblement amincie pour aboutir aux denticulations du bord inférieur ; silex jaune.

Fig. 2. Lame à trois faces *a*, dont la coupe *b* est franchement triangulaire. C'est un
grand couteau à dos obtenu par larges éclats, dont le bord inférieur tranchant et ondulé est repris par de fines retouches déterminant des denticulations nombreuses ; silex brun noir.

Fig. 3. Grande scie triangulaire, à talon épais, à pointe effilée, ressemblant à nos
scies pour l'abattage des branches. Dents régulières, acérées, donnant un
travail rapide ; silex gris.

PLANCHE XLIII

Scies — Poinçons

Fig. 1. Cette lame finement denticulée sur les bords, légèrement incurvée, a pu
servir comme les précédentes à scier ; sa pointe est reprise par de fins
éclats, l'autre extrémité est mousse ; patine blanche.

Fig. 2. Même type, plus massif ; silex brun.

Fig. 3. Dans cette pièce, la pointe s'effile, s'individualise, des éclats déterminent
à sa base un tranchant concave, le bord gauche denticulé par des retouches a pu servir comme lame de scie ; silex noirâtre.

Fig. 4. Perçoir constitué par une lame allongée à pointe aiguë ; silex jaune-clair.

Fig. 5. Même type, la pointe est très longue, peu retouchée ; silex bleuté.

PLANCHE XLIV

Lames — Becs

Fig. 1. Cette première pièce à talon élargi, à bords légèrement convexes, s'atténue en une pointe délicatement retouchée ; silex brun.

Fig. 2. Même type, plus grossier ; silex ardoisé en avant, verdâtre en arrière.

Fig. 3. Grande lame à bords tranchants, ayant pu servir de couteau ; silex jaune.

Fig. 4. Bec de perroquet à tranchant oblique se prolongeant en pointe saillante ; silex noir.

Fig. 5 Même type, à obliquité inverse ; silex brun.

RESSAULIER

PLANCHE XLV

Pointes — Burins

Fig. 1. Extrémité d'une pointe foliacée, retouchée sur ses deux faces d'après le mode solutréen ; silex brun.

Fig. 2. Petite pointe massive du même type ; silex brun.

Fig. 3. Lame à talon arrondi se terminant d'autre part par un double biseau avec tranchant caractéristique ; silex brun.

Fig. 4. Même type, d'allure lancéolée ; silex jaunâtre.

Fig. 5. Ciseau court, arrondi à la base, à tranchant oblique ; silex noir.

Fig. 6. Même type, avec pédicule formant manche ; silex blond.

Fig. 7. Petit grattoir à retouches sur tout le pourtour ; silex jaune.

Fig. 8. Même type, s'effilant en pointe à la base : silex violacé.

PLANCHE XLVI

Grattoirs

Fig. 1. Grattoir asymétrique, déjeté latéralement ; silex violacé.

Fig. 2. Grattoir épais, se prolongeant en pédicule à la base ; silex noir.

Fig. 3. Grattoir double, un large tranchant, l'autre plus petit ; silex ambré.

Fig. 4. Même type, à tranchants semblables ; silex jaune.

Fig. 5. Grattoir à tranchant rectiligne ; silex noir.

Fig. 6. Grattoir nucléiforme caractéristique, de dos *a*, de profil *b*, front saillant, presque perpendiculaire à la face plane ; silex noirâtre.

Fig. 7. Même type, vu de profil ; silex noirâtre.

Fig. 8. Racloir discoïde, ovalaire, à tranchant limité ; silex jaune.

Fig. 9. Même type, retouches sur tout le pourtour ; silex noir.

PLANCHE XLVII

Becs de canard

Fig. 1. Cette pièce, vue de dos *a*, et de profil sur ses deux faces *b* et *c*, met en relief les caractères de ces curieux instruments, sortes de lissoirs courts, se rattachant aux grattoirs par une série d'intermédiaires. Le talon destiné à la main est arrondi comme une tête d'oiseau, et la partie destinée au travail se porte en avant comme un bec. Des retouches divergentes donnent à ce bec son caractère. L'étude des faces confirme ces données. L'instrument, bien en main, était d'un maniement facile ; silex brun.

Fig. 2. Même type, avec talon moins accusé, le bec saillant est délicatement retouché ; silex jaune.

Fig. 3. Même type, bec élargi se terminant par un tranchant à peine incurvé ; silex noir.

Fig. 4. Forme identique, bec aplati et large ; silex noir.

Fig. 5. Type à bec effilé, talon triangulaire faisant manche ; silex noir.

Fig. 6. Même type, bec à allure de poinçon, talon sans retouches ; silex noir.

Fig. 7. Pièce de même allure, bec aigu, talon épais ; silex noir.

PLANCHE XLVIII

Becs de canard

Fig. 1. Forme intermédiaire conduisant aux grattoirs, bec élargi à tranchant convexe, retouches sur tout le pourtour ; silex rose.

Fig. 2. Mêmes caractères de passage, forme oblongue ; silex noir.

Fig. 3. Caractères encore plus nets par l'extension du tranchant qui ne se distingue de celui d'un grattoir que par une asymétrie particulière et par la divergence régulière des retouches ; silex noir.

Fig. 4. Pièce triangulaire avec bec épais, mais typique, talon à grands éclats ; silex noir.

Fig. 5. Même type ; silex noir.

Fig. 6. Type à bec plat, à tranchant déterminé par de longs éclats convergents en triangle allongé ; silex brun.

Fig. 7. Même type, nombreuses retouches ; silex noir.

Fig. 8. Type nucléiforme, à talon très épais, tranchant large et très convexe ; silex noir.

BADEGOULE

PLANCHE XLIX

Pointes foliacées

Fig. 1. Pointe foliacée typique, délicatement retouchée sur ses deux faces, de forme ovalaire ; silex bleuté.

Fig. 2. Pointe de flèche, ovalaire, à talon, très fines retouches ; patine blanche.

Fig. 3. Même type, même allure ; patine blanche.

Fig. 4. Pointe très délicate, finement retouchée sur ses deux faces *a* et *b*, une des
      extrémités brisée ; patine blanche.
Fig. 5. Pointe losangique, à deux extrémités acérées, retouches parallèles très déli-
      cates ; patine blanche.
Fig. 6. Même type, aussi remarquable ; silex gris.
Fig. 7. Pointe losangique formée par l'union de deux triangles irréguliers unis par
      leurs bases ; le triangle inférieur se pince légèrement en pédoncule pour
      s'enfoncer dans le manche ; silex gris piqueté de noir.
Fig. 8. Pointe à pédoncule plus accentué, fines retouches ; silex gris-bleu.
Fig. 9. Même type, plus élancé ; silex bleuâtre.

PLANCHE L

(Suite)

Fig. 1. Pointe avec pédoncule aplati, prolongeant l'extrémité inférieure destinée au
      manche. Retouches délicates ; silex gris avec incrustations. Nous rappor-
      tons à cette forme les débris incomplets réunis dans la planche, sachant
      qu'on peut les retourner et les considérer aussi bien comme des bases de
      pointes que comme des extrémités perforantes.
Fig. 2. Pointe de flèche, losangique ; patine blanche.
Fig. 3. Extrémité d'une pointe de même type ; patine blanche.
Fig. 4. Pointe allongée de même forme, très fine et délicate ; patine blanche.
Fig. 5. Même type, mêmes caractères ; silex gris-foncé.
Fig. 6. Extrémité détachée d'une pointe ; silex gris.
Fig. 7. Même disposition ; silex gris foncé.
Fig. 8. Même disposition ; silex gris foncé.

PLANCHE LI

(Suite)

Fig. 1. Pointe ovalaire, finement retouchée ; silex gris.
Fig. 2. Même type, mêmes dimensions ; silex gris.
Fig. 3. Forme plus massive, à éclats plus profonds ; silex brun.
Fig. 4. Même type massif, ébauche pour la taille ; silex gris-noir.
Fig. 5. Type triangulaire à talon élargi, *forme amygdaloïde*, taillé sur les deux faces ;
      silex gris-noir.
Fig. 6. *Pointe à face plane*, finement retaillée sur une face *a*, lisse sur l'autre, *b*,
      forme ovalaire ; silex noir.
Fig. 7. Même type, forme amygdaloïde ; silex gris.

PLANCHE LII

(Suite)

Fig. 1. Grande pointe foliacée, relevée à la base de la couche, dans le foyer elle
      porte les incrustations, cassures anciennes. Cette pointe est la plus
      grande rencontrée dans la région : longueur 230 mm., largeur 65 mm.,
      épaisseur 11 mm. ; en silex à veines jaunes et blanches.

PLANCHE LIII

(Suite)

Fig. 1. Moitié de pointe ovalaire, retouches grossières ; silex ambré.
Fig. 2. Même type ; silex gris-clair.
Fig. 3. Pointe plus mince, plus délicate : patine blanche.
Fig. 4. Extrémité très fine d'une pointe losangique, à petits éclats ; silex brun.
Fig. 5. Extrémité très régulière, se terminant en pointe aiguë ; silex bleuté.
Fig. 6. Même type, plus grossier ; silex noir.
Fig. 7. Extrémité pour emmanchure, retouches moyennes ; silex noir.
Fig. 8. Même partie, délicatement retouchée ; silex brun.
Fig. 9. Même partie, retouches grossières ; quartz laiteux.

PLANCHE LIV

(Suite)

Fig. 1. Extrémité perforante d'une grosse pointe taillée à grands éclats ; silex brun-noir.
Fig. 2. Même partie, en quartz laiteux.
Fig. 3. Extrémité délicate d'une petite pointe à fines retouches ; silex noir.
Fig. 4. Même partie de pointe ovalaire ; silex noir.
Fig. 5. Même partie de pointe losangique ; silex brun.
Fig. 6. Extrémité perforante d'une pointe ovalaire de fort calibre ; patine blanche.
Fig. 7. Base d'une pointe losangique : silex noir.
Fig. 8. Même partie, même type ; silex brun.

PLANCHE LV

Pointes à cran

Fig. 1. Pointe du premier type à face plane reposant sur le papier, à face avec crête saillante du côté de l'observateur. Le cran, déterminé par de fines retouches, est toujours à droite dans cette position ; pointe formée par l'extrémité aiguë naturelle de l'éclat, extrémité du pédoncule reprise par quelques retouches ; silex brun.
Fig. 2. Même type, les deux bords convergeant vers la pointe sont repris par quelques retouches, cran saillant, pédoncule régulier, deux crêtes parallèles ; silex gris.
Fig. 3. Même type, un des bords est retouché sur toute sa longueur, cran proéminent et recourbé, pédoncule à extrémité arrondie, deux crêtes ; silex brun.
Fig. 4. Même forme, à pointe légèrement déjetée, une crête médiane ; silex brun.
Fig. 5. Même forme, retouches à la pointe ; silex brun.
Fig. 6. Type large, cran profond, pédoncule brisé ; silex noir.
Fig. 7. Même type, retouches fines sur les bords, cran profond ; patine blanche.
Fig. 8. Intéressante pointe retouchée sur les deux faces, comme les pointes foliacées ; le cran est arrondi, le pédoncule large et saillant ; silex brun.

PLANCHE LVI

(Suite)

Fig. 1. Pointe sans cran, à face plane, à face opposée reprise par de délicates retouches divergentes comme les barbes d'une plume. C'est un type faisant passage aux pointes à cran véritables, à face libre reprise au retouchoir ; patine blanche.

Fig. 2. Pointe du même type avec cran nettement indiqué, la face plane repose sur le papier, l'autre est couverte de délicates facettes comme les pointes foliacées les plus fines ; silex brun.

Fig. 3. Même forme, l'extrémité est mousse, le cran peu saillant, pédoncule brisé ; silex ardoisé.

Fig. 4. Pièce très complète montrant les caractères du type : face saillante retouchée *a*, face plane lisse *b*. Cran saillant, pédoncule très régulier, mousse à son extrémité ; silex gris-noir.

Fig. 5. Même type, plus allongé : silex ardoisé.

Fig. 6. Pointe retouchée sur les deux faces : face arrondie *a*, face plane *b*. Malgré les retouches, la face *b* reste plus plane que l'autre et conserve l'allure générale de la pointe à cran. Les pièces élancées, à lame triangulaire effilée en pointe aiguë, sont rares à Badegoule ; silex bleuté.

PLANCHE LVII

Grattoirs

Fig. 1. *Grattoirs simples.* — Grand grattoir de forme ovalaire atténué en talon plus étroit, tranchant avec fines retouches, l'éclat porte à sa surface une partie de la croûte du rognon : patine blanche.

Fig. 2. Type triangulaire, à tranchant curviligne ; silex gris.

Fig. 3. Même type se prolongeant en pointe : silex gris.

Fig. 4. Petit racloir rectangulaire ; silex gris-clair.

Fig. 5. Même type, tranchant presque droit : patine blanche.

Fig. 6. Même type, même tranchant ; silex brun.

Fig. 7. Petit grattoir circulaire à fines retouches : patine blanche.

Fig. 8. Grattoir rectangulaire à talon ; patine jaunâtre.

Fig. 9. Grattoir triangulaire, pointe mousse ; patine jaunâtre.

PLANCHE LVIII

(Suite.)

Fig. 1. *Grattoir nucléiforme*, vu de profil pour montrer ses caractères identiques à ceux décrits déjà ; patine jaunâtre.

Fig. 2. Même type à tranchant surmonté par une projection saillante de l'instrument ; silex gris-clair.

Fig. 3. *Grattoir double*, court et large, tranchant aux retouches régulières ; silex bleuté.

Fig. 4. Même type, très allongé, deux tranchants bien accusés ; patine jaunâtre.
Fig. 5. Grattoir en forme de spatule, le tranchant se prolonge sur le bord droit légèrement incurvé ; patine jaunâtre.
Fig. 6. Même forme se terminant par un pédoncule élargi ; silex gris-noir.
Fig. 7. Type identique aux becs de canard de Ressaulier ; silex gris-bleu.

PLANCHE LIX

Poinçons

Fig. 1. Grand poinçon à pointe reprise par de fines retouches, très aiguë, long manche pour la main ; silex noirâtre.
Fig. 2. Type plus court, pointe aussi acérée et saillante ; silex gris.
Fig. 3. Même type, pointe plus mousse ; silex noir.
Fig. 4. Petit poinçon à pointe oblique très bien retaillée ; silex gris.
Fig. 5. Forme allongée, pointe très pure et très régulière ; silex gris-foncé.
Fig. 6. Perçoir large à pointe triangulaire, retouchée sur le bord droit ; silex gris.
Fig. 7. Perçoir à bec oblique, avec face terminale, passant au bec de perroquet ; silex bleuté.
Fig. 8. Même type, bec de perroquet ; silex brunâtre.

PLANCHE LX

Lissoirs — Burins — Scies

Fig. 1. Lissoir aigu se rattachant aux perçoirs ; silex jaunâtre.
Fig. 2. Lissoir à pointe obtuse ; patine blanche.
Fig. 3. Même type ; patine blanche.
Fig. 4. Même type passant au grattoir allongé ; patine jaune.
Fig. 5. Lissoir à pointe déjetée ; silex gris piqueté.
Fig. 6. Burin avec tranchant caractéristique ; silex jaune.
Fig. 7. Scie identique à celles de Laugerie-Haute ; silex bleuté.

GORGE D'ENFER. — A

PLANCHE LXI

Pointes foliacées

Fig. 1. Pointe ovalaire à deux pointes, très délicatement retouchée sur les deux faces ; silex gris-bleuté luisant.
Fig. 2. Même type, à retouches obliques parallèles traversant toute la largeur des deux faces ; silex brun noir.
Fig. 3. Même type, de très belle forme ; silex bleuté.
Fig. 4. Petite pointe de flèche à fines retouches, forme triangulaire à talon arrondi ; silex fauve.

Fig. 5. Même forme, plus grossière : silex noir.

Fig. 6. Pointe foliacée ovalaire, atténuée en pointe aux deux extrémités, avec retouches parallèles très régulières ; silex ambré, piqueté.

Fig. 7. *Pointe à dos* rabattu par des éclats réguliers ; la face opposée est plane : silex gris.

Fig. 8. Même type ; silex fauve, piqueté.

PLANCHE LXII

Pointes à face plane

Fig. 1. Pointe de flèche triangulaire, à face saillante *a*, retouchée comme les pointes foliacées, à face opposée *b*, plane avec bulbe de percussion ; silex noir luisant.

Fig. 2. Même type ; silex brun-noir.

Fig. 3. Fragment de grande pointe semblable, à face *a* retouchée, à face plane *b* ; silex ambré.

Fig. 4. Pointe complète, même disposition, face *a*, à peine retouchée sur les bords, face *b*, plane ; silex fauve.

PLANCHE LXIII

Pointes à cran

Fig. 1. *Pointe à face plane*, avec encoche marquant un pédoncule, formant le passage aux pointes à cran : silex ambré.

Fig. 2. Même pointe transformée en armature de harpon par une série de denticulations sur les deux bords de la pièce. Pédoncule très marqué pour l'emmanchure ; silex gris-noirâtre.

Fig. 3. *Pointe à cran* du premier type, avec crêtes parallèles, cran bien accentué, pédoncule limité par des retouches régulières ; silex fauve.

Fig. 4. Même type, très rudimentaire, un simple éclat muni d'un cran latéral ; silex brun.

Fig. 5. Belle pointe à lame triangulaire, retouchée sur un des pans de la face saillante, cran très net ; silex jaune.

Fig. 6. Éclat transformé en pointe à cran par quelques retouches latérales ; silex fauve-rougeâtre.

Fig. 7. Pédoncule court d'une pointe à cran ; silex jaune.

Fig. 8. Pédoncule allongé d'une autre pointe ; silex gris.

Fig. 9. Pointe très aiguë, à lame triangulaire ; silex brun.

Fig. 10. Même type, forme élancée, longue ; silex brun.

Fig. 11. Base d'une pointe de dimension plus grande ; silex gris.

Fig. 12. Pointe à cran du second type, à face saillante reprise par de délicates retouches, cran peu saillant ; silex fauve.

Fig. 13. Base d'une pointe de même type, à cran projeté en pointe saillante et recourbée ; silex brun.

PLANCHE LXIV

Grattoirs

Fig. 1. Grattoir rectangulaire, à tranchant convexe ; silex noir.

Fig. 2. Type à tranchant étroit, corps élargi dans la partie moyenne s'atténuant en triangle vers le talon ; jaspe fauve luisant.

Fig. 3. Pièce délicate, à fines retouches ; jaspe fauve luisant.

Fig. 4. Grattoir simple typique, une seule crête ; silex noir.

Fig. 5. Même forme, deux crêtes ; silex noir.

Fig. 6. Extrémité d'un lissoir, retouches sur les bords ; silex jaune piqueté.

Fig. 7. Instrument plus massif, mêmes retouches ; silex gris-bleuté.

Fig. 8. Perçoir obtenu par l'utilisation d'une ancienne pointe foliacée brisée, pointe aiguë se détachant du corps de l'ancienne armature formant talon : jaspe fauve luisant.

GORGE D'ENFER. B

PLANCHE LXV

Pointes foliacées

Fig. 1. *Pointe foliacée* ovalaire, à retouches assez grossières sur les deux faces *a* et *b* ; silex gris bleuté.

Fig. 2. *Pointe à face plane*, face saillante *a*, reprise par des éclat parallèles, face plane *b*, lisse ; silex noir.

Fig. 3. Pointe triangulaire du même type, à face saillante avec crête *a*, à face plane *b*, avec quelques retouches : silex brun.

Fig. 4. Base élargie d'une pointe du même type, sur les deux faces *a* et *b* ; silex brun.

PLANCHE LXVI

Pointes à face plane

Fig. 1. Pointe d'*allure moustérienne*, d'une grande délicatesse. Cette armature triangulaire est caractérisée par ses deux bords latéraux repris par des éclats parallèles ; sa base est légèrement échancrée pour l'emmanchure ; elle a d'autre part, une face plane avec bulbe de percussion ; silex brun.

Fig. 2. Cette pièce, triangulaire comme la précédente, s'atténue en talon arrondi à la base. Sa face saillante *a*, marquée de deux crêtes divergentes, présente sur le bord droit des retouches superposées. La face plane *b*, porte un bulbe de percussion très caractérisé ; silex gris-clair.

Fig. 3. Même type, moins fini, la pointe est rendue acérée par de fines retouches ; silex jaune.

Fig. 4. Pointe large, à face saillante *a*, délicatement reprise vers la pointe par des éclats convergents ; la face opposée *b*, est plane avec bulbe bien caractérisé : silex bleuté.

PLANCHE LXVII

Perçoirs

Fig. 1. Grand perçoir à corps rectangulaire élargi, se prolongeant d'une part en une pointe pyramidale et d'autre part en un talon rendu mousse par l'enlèvement d'éclats divergents ; patine blanche.

Fig. 2. Même forme, à pointe plus élargie ; silex brun maculé de blanc.

Fig. 3. Perçoir long, à pointe légèrement recourbée ; silex brun.

Fig. 4. Même type, manche rectangulaire ; silex blanc-bleuté.

Fig. 5. Même type, à bord largement retouché ; silex brun.

PLANCHE LXVIII

(Suite.)

Fig. 1. Perçoir à corps ovalaire, longue pointe pyramidale ; silex noir.

Fig. 2. Instrument à base oblique, à corps allongé se prolongeant insensiblement, pointe massive à la base et cependant aiguë au sommet, de larges retouches sur les deux bords ; silex jaune clair.

Fig. 3. Perçoir à pointe légèrement oblique, un peu mousse au sommet ; silex ardoisé.

Fig. 4. *Bec de perroquet*, perçoir à pointe déjetée, déterminant l'incurvation de l'instrument à gauche, le bord convexe est tranchant et complète ce type d'instrument ; silex noir.

Fig. 5. Instrument très spécial pouvant se rattacher à cette série, le bec incurvé ne peut plus servir de perçoir, en revanche, son bord supérieur forme un tranchant convexe et son bord inférieur porte une encoche. L'instrument se prolonge en un manche naturel pour la main ; silex gris.

Fig. 6. Même instrument avec sa torsion terminale, sa convexité tranchante et son racloir concave. Le manche largement retouché sur ses deux bords est bien dégagé et adouci pour la main ; silex jaune clair.

PLANCHE LXIX

Grattoirs incurvés

Fig. 1. Grand racloir, à peine incurvé, d'un travail très fini. Le tranchant est préparé par l'enlèvement de retouches très régulières : les bords coupants destinés à la main sont arrondis par de larges éclats, le talon est rendu mousse par le même procédé ; silex brun.

Fig. 2. Forme très incurvée ; cette incurvation a pour but de donner à l'instrument ment un manche de bonne prise pour la main ; la dépression du bord gauche obtenue par de grands éclats répond à la saillie de l'index ployé de la main gauche, l'autre bord répondant à l'intérieur de la main est atténué par des retouches, le talon est arrondi ; silex ardoisé clair.

Fig. 3. Cette superbe pièce est d'une pureté absolue de forme et d'une grande régularité de travail. La tête élargie se termine par un tranchant déterminé par des éclats d'une grande régularité. L'incurvation est due à la dépression du bord gauche, elle est donc opposée à celle de la pièce précédente, ce qui semble indiquer que ce racloir était destiné à la main droite et que l'ouvrier utilisait également de chaque main un instrument approprié à chacune d'elles. Le talon allongé est finement retouché. Avec son large méplat entouré de toutes parts par ces délicates retouches, cette pièce mérite une mention spéciale pour sa forme, le fini du travail et la belle allure : silex ardoisé-clair.

Fig. 4. Petit grattoir incurvé, à manche court, avec incision latérale droite accentuée ; silex ardoisé.

Fig. 5. Même type, incurvé en sens inverse, pour la main opposée, contour très retouché : silex jaune.

Fig. 6. Forme presque droite, mais appartenant au même type par sa tête circulaire et son manche allongé, retouches nombreuses ; silex ardoisé.

PLANCHE LXX

(Suite.)

Fig. 1. Grattoir incurvé long, à tête déjetée à gauche, avec tranchant finement retouché. Le manche se termine en pointe. Les deux bords et les deux pans, partant de la crête médiane, sont retouchés pour assurer à la main une surface sans rugosités coupantes. Bel instrument de premier ordre ; silex gris-clair.

Fig. 2. Manche d'un instrument de même type, incurvé à droite, pour la main opposée : silex blanc jaunâtre.

Fig. 3. Instrument de même ordre. Le tranchant est oblique vers la droite, le manche est incurvé légèrement dans sa partie moyenne ; silex blanc-jaunâtre.

Fig. 4. Grattoir court rectangulaire, asymétrique, avec encoche latérale gauche, tranchant réduit ; silex ardoisé.

Fig. 5. Même type à tranchant très large, déjeté vers la gauche, d'où asymétrie et torsion de l'instrument : silex jaune marbré de brun.

Fig. 6. Gros racloir du même type, encoche profonde à gauche pour le contact des doigts, tranchant terminal : silex noir.

PLANCHE LXXI

Grattoirs simples

Fig. 1. Grattoir très allongé, légèrement incurvé, à bords repris par de larges retouches, talon renflé en bouton terminal, crête médiane : silex gris clair.

Fig. 2. Grand racloir à tranchant très convexe, à bords convergents repris par quelques retouches, crête médiane : silex jaune-clair.

Fig. 3. Même type, bords et extrémité délicatement retouchés ; silex noir.

Fig. 4. Forme courte, à talon oblique ; silex bleuté.

Fig. 5. Mêmes type, larges retouches sur les bords ; silex brun.

Fig. 6. Forme caractérisée par son tranchant avec moitié concave : silex gris pointillé de noir.

Fig. 7. Petit grattoir avec délicates retouches, à tranchant très convexe : silex noir brillant.

Fig. 8. Même forme, même finesse dans la taille : silex blanc brillant maculé de bleu clair.

PLANCHE LXXII

(Suite)

Fig. 1. Grattoir triangulaire, à tranchant curviligne, à bords convergents repris par des éclats, à pointe rendue mousse par des retouches terminales ; une crête médiane : silex gris ponctué.

Fig. 2. Même type, moins effilé, d'un remarquable fini. Le tranchant se prolonge insensiblement sur les bords latéraux, rendus mousses, ainsi que l'extrémité, par de grandes retouches superposées : silex brun-clair.

Fig. 3. Même type, même disposition, l'extrémité effilée se termine par un pédoncule saillant : silex bleuté.

Fig. 4. Même forme, petite dimension, même retouche sur toute la périphérie, crête médiane ; silex gris.

Fig. 5. Même type, tranchant surbaissé, talon retaillé en pointe : silex brun.

Fig. 6. Forme à tranchant élargi dont les bords convergents se terminent par un brusque bord oblique transversal : silex gris.

Fig. 7. Grattoir rectangulaire, à bords latéraux parallèles, très allongé, tranchant étroit, talon brisé : silex brun clair.

Fig. 8. Grattoir rectangulaire, large, à tranchant saillant, talon retouché : silex blanc-jaunâtre.

PLANCHE LXXIII

Grattoirs longs

Fig. 1. Grattoir rectangulaire allongé, à tranchant bien retouché, le talon opposé est mousse, très élargi, bords parallèles tranchants : silex blanc-jaunâtre.

Fig. 2. Même type, un tranchant, un talon large : silex jaunâtre.

Fig. 3. Même type, même allure ; silex blanc.

Fig. 4. Bel échantillon, avec retouches régulières sur tout le pourtour, tranchant surbaissé, talon saillant : silex jaunâtre, croûte fauve.

Fig. 5. Même type, le talon simulant un double tranchant ; silex jaunâtre.

Fig. 6. Même type, tranchant rectiligne, talon arrondi ; silex jaunâtre.

PLANCHE LXXIV

Grattoirs doubles

Fig. 1. Grattoir rectangulaire court, à deux tranchants bien retouchés, crête médiane ; silex blanc-bleuté.

Fig. 2. Grattoir passant à la forme discoïde, les deux larges tranchants sont reliés par de courts bords parallèles ; silex noir.

Fig. 3. Grattoir rectangulaire, plus étroit, à tranchants légèrement incurvés, deux crêtes ; silex bleuté.

Fig. 4. Même forme, un tranchant en ovale allongé, l'autre surbaissé, une crête médiane ; silex noir.

Fig. 5. Même type ; silex blanc-jaunâtre.

Fig. 6. Même type, plus allongé, crête médiane ; silex jaune.

Fig. 7. Même forme, légèrement incurvée à droite, crêtes nombreuses ; silex noirâtre.

Fig. 8. Même forme, inclinaison inverse ; silex brun.

PLANCHE LXXV

Grattoirs-poinçons — Grattoirs-ciseaux

Fig. 1. Grattoir-poinçon type, à tranchant étroit ; extrémité opposée se prolongeant en une pointe triangulaire très aiguë ; silex bleuté.

Fig. 2. Même forme, plus élargie, poinçon effilé ; silex noirâtre.

Fig. 3. Pièce retournée pour montrer la disposition du poinçon, le tranchant faisant, dans cette position, un talon arrondi ; silex jaune-clair.

Fig. 4. Même forme, plus courte, à tranchant saillant ; silex brun.

Fig. 5. Même type, retourné, montrant le poinçon très aigu ; silex brun.

Fig. 6. Grattoir-ciseau à tranchant large, se terminant, d'autre part, par un double biseau faisant un tranchant oblique de burin ; des retouches sur les deux bords ; silex bleuté.

Fig. 7. Même forme, tranchant étroit, burin oblique ; silex brun.

Fig. 8. Même type, retourné pour montrer le ciseau formé par la rencontre du double biseau opposé au tranchant du grattoir ; silex bleuté.

PLANCHE LXXVI

Grattoirs nucleiformes

Fig. 1. Long grattoir à tête très saillante. La crête médiane aboutit à une saillie frontale d'où part la face triangulaire oblique, à retouches en éventail, qui forme le tranchant. Cassure ancienne sur le tiers inférieur ; silex jaune.

Fig. 2. Même type, à tête volumineuse, forme plus élargie ; silex gris.

Fig. 3. Grattoir triangulaire, très épais, se rattachant à ce type ; silex ambré.

Fig. 4. Même type, même allure ; silex brun.

Fig. 5. Même type, forme plus légère ; silex blanc-jaunâtre.

Fig. 6. Pièce de même dimension, plus massive ; silex noir.

Fig. 7. Type du grattoir nucleiforme, à grosse tête, de face *a*, de profil *b*. Le grattoir superposable à ceux de Laugerie-Haute et de Cro-Magnon de même allure, complète la comparaison des formes identiques qu'on retrouve de la base du solutréen jusqu'au magdalénien ; silex blanc jaunâtre.

PLANCHE LXXVII

Scies

C'est certainement comme scies qu'ont été utilisées les lames réunies dans cette planche. Toutes asymétriques, ayant un bord rectiligne, l'autre plus ou moins incurvé, elles ont pu servir par l'un ou l'autre de ces bords denticulés par de fines retouches. Leurs extrémités mousses n'ont pu remplir aucun usage précis. Ces grands éclats, avec une large face plane et une face saillante divisée par une crête longitudinale en deux pans obliques, se présentent comme des couteaux à deux lames dont les bords sont adaptés à un but spécial par la présence de leurs dents acérées.

Fig. 1. Type très net, face saillante à crête médiane, les deux pans formant lames aboutissent d'une part à un tranchant denticulé rectiligne, de l'autre à un tranchant à courbe saillante ; les deux extrémités sont mousses ; silex jaunâtre.

Fig. 2. Même type, plus droit, une des extrémités retaillée en pointe mousse ; silex noir.

Fig. 3. Mêmes dispositions ; silex ardoisé.

Fig. 4. Scie large, incurvée, à double tranchant denticulé, le supérieur légèrement concave, l'inférieur très convexe ; silex bleuté.

Fig. 5. Même type, avec talon large et pointe mousse retaillée, denticulations plus nettes sur le bord convexe ; silex blanc-jaunâtre.

PLANCHE LXXVIII

(Suite.)

Fig. 1. Pièce, placée verticalement, complétant la série précédente. Forme presque symétrique. Denticulations plus profondes sur le bord droit : silex blanc-jaunâtre.

Fig. 2. Même type que les précédentes, position verticale ; silex bleuté.

Fig. 3. Lame étroites à denticulations profonde sur les deux bords ; silex gris.

Fig. 4. Même type, de forme lancéolée, pointe assez aiguë ; silex jaune.

Fig. 5. Lame denticulée de même forme, brisée à la base ; silex jaunâtre.

Fig. 6. Même type, denticulations très petites ; silex jaunâtre.

PLANCHE XLVII

Lissoirs

Fig. 1. L'instrument figuré, avec son extrémité effilée se terminant par une convexité retouchée, étroite, et son extrémité plus large destinée à la main, n'est pas un grattoir à proprement parler, nous l'inscrivons sous le nom de *lissoir* sans préciser autrement son rôle dans la préparation des peaux ; silex gris jaunâtre.

Fig. 2. Extrémité effilée d'une pièce plus grande, brisée à la base. Les retouches des deux bords convergent vers une extrémité mousse déterminée par de fines retouches comme dans les grattoirs, mais très étroite, comme dans pièce précédente : silex blanc jaunâtre.

Fig. 3. Fragment d'une même pièce, extrémité retaillée en pointe plus saillante ; silex jaunâtre.

Fig. 4. Même fragment ; silex jaunâtre.

Fig. 5. Extrémité plus mince d'une même pièce ; silex jaunâtre.

Fig. 6. Même type ; silex jaunâtre.

PLANCHE LXXX

Lames triangulaires

Ces lames peu abondantes, sont caractérisées avant tout par leurs trois faces sensiblement de même largeur, se rencontrant sous des angles égaux, en bords minces et tranchants, leur coupe transversale est un triangle sensiblement équilatéral. Les éclats qui ont servi à confectionner ces lames sont en général incurvés. La face concave reste plane, mais une des autres faces est toujours reprise par des éclats déterminant des crêtes obliques. Ces lames semblent avoir servi de scies pour pratiquer sur les bois de renne ces sillons profonds circulaires qui permettaient de les diviser en tronçons de longueur variable et qui se rencontrent sur de nombreuses pièces.

Fig. 1. Cette pièce est représentée sous divers aspects pour bien en faire ressortir les caractères. En *a*, vue par ses faces convexes, se rencontrant en une crête dorsale, tranchante ; la face droite est retouchée, la face gauche reste lisse. En *b*, vue par sa face concave plane. En *c*, de profil, montrant la face retouchée avec ses crêtes obliques. En *d*, montrant la cancavité et la rencontre de deux faces planes ; silex jaune-clair.

Fig. 2. Même type, terminé par une extrémité aiguë, mêmes lettres répondant aux mêmes positions ; silex jaune-clair.

PLANCHE LXXXI

(Suite)

Fig. 1. Lame courte, dont la crête est remplacé par un méplat élargi ; les deux extrémités mousses. Les deux faces latérales sont retouchées pour l'usage, les deux extrémités simulant des tranchants de grattoirs n'offrent pas de retouches spéciales : silex jaune clair.

Fig. 2. Lame triangulaire du premier type, une face latérale droite, retouchée ; silex jaune.

Fig. 3. Grosse lame triangulaire avec face plane concave. Les deux faces convexes visibles sont retouchées sur toute la longueur ; silex noir.

Fig. 4. Lame moyenne avec face latérale gauche retouchée ; silex brun.

Fig. 5. Même lame, s'effilant en pointe, retouches sur face gauche ; silex noir.

Fig. 6. Petite lame délicate avec retouches sur face droite ; silex brun.

Fig. 7. Même type, pointe aiguë, retouche à droite ; silex brun.

Fig. 8. Petite lame, d'allure magdalénienne : silex gris-bleuté.

Fig. 9. Même forme ; silex brun.

Fig. 10. Même forme ; silex brun.

Fig. 11. Petite lame découpée en denticulations profondes : silex brun.

PLANCHE LXXXII

Lames simples

Fig. 1. Lame simple, à pointe allongée, silex brun.

Fig. 2. Lame à bords convergents, à pointe élargie : silex blanc-jaunâtre.

Fig. 3. Même forme ; silex gris.

Fig. 4. Même forme, pointe très élancée ; silex brun.

Fig. 5. Même type, silex gris.

Fig. 6. Gros éclat, retouché sur son pan droit, pointe mousse ; silex noir.

Fig. 7. Lame étroite, en couteau aigu ; silex gris,

Fig. 8. Lame à bords convergents, à pointe déjetée ; silex brun.

PLANCHE LXXXIII
(Suite)

Fig. 1. Grande lame ayant servi de couteau, bord droit ébréché, pointe mousse, large talon formant manche pour la prise ; silex jaune-clair.

Fig. 2. Petit couteau à pointe mousse ; silex gris.

Fig. 3. Même type, à pointe aiguë ; silex jaune.

Fig. 4. Couteau allongé, à pointe mousse ; silex bleuté.

Fig. 5. Même type : silex noir.

Fig. 6. Très petit échantillon ; silex brun.

Fig. 7. Même dimension ; silex jaune.

PLANCHE LXXXIV
(Suite)

Fig. 1. Longue lame, à bords tranchants, ébréchés, à pointe aiguë, talon arrondi ; silex gris.

Fig. 2. Même type, plus aplati, à bords tranchants ; silex brun.

Fig. 3. Lame retouchée surtout vers la pointe très aiguë, talon arrondi ; silex noir.

Fig. 4. Petite lame, à pointe mousse ; silex noir.

Fig. 5. Même type ; silex noir.

Fig. 6. Lame reprise par des retouches formant une double encoche pour la préhension, talon concave ; silex gris.

PLANCHE LXXXV
Pointes à fente

Fig. 1. La pointe à fente type est donnée par la superbe pièce que nous reproduisons sur ses deux faces *a* et *c*, et de profil en *d*. Cette pointe en bois de renne, est taillée dans l'épaisseur de la substance compacte de la corne. Sa face *a*, légèrement convexe, correspond à la surface de la corne ; la face *b*, plus aplatie, montre le contact avec la partie spongieuse profonde. La forme de l'ensemble est lancéolée ; la pointe pénétrante est un triangle isocèle, très long, très effilé. Contre sa base repose la base d'un talon court et obtus destiné à l'emmanchure. C'est dans cette partie que se trouve la fente pratiquée pour recevoir le manche qui devait être taillé en sifflet par un double biseau. Cette fente qui ne se voit, de face, que par l'inégalité des deux lèvres qui la constituent, se montre, de profil, avec ses caractères fondamentaux. C'est une incisure triangulaire qui s'enfonce de 35 mm. dans la base de l'arme, limitée par les deux lèvres divergentes qui se perdent insensiblement dans le corps de l'armature. Les deux faces ne s'abordent pas latéralement en bords aigus ; il existe un méplat qui remplace chacun de ces bords. La pointe est aiguë, formée par la rencontre des faces et des méplats latéraux qui se fusionnent insensiblement en une extrémité conique, effilée, très pointue. Dans cette grande armature la partie élargie est rapprochée de la base à cause de la grande longueur de la pointe pénétrante, cependant on saisit dans l'ensemble une figure losangique qui rapproche cette forme de celle des pointes foliacées en silex.

Fig. 2. Cette pièce placée ici pour compléter la planche est une *spatule* en bois de renne, offrant un petit manche aplati et une extrémité aplatie comme une petite pelle, légèrement convexe sur ses deux faces.

PLANCHE LXXXVI

(Suite)

Fig. 1. Pointe à fente, en bois de renne, nettement losangique de face *a*, de profil *b*. Les deux faces sont presque planes légèrement bombées au centre, les deux bords forment deux méplats latéraux. La fente triangulaire intéresse le quart inférieur de l'armature. Pointe très acérée, extrémité opposée se terminant par les deux lèvres arrondies. Cassure ancienne dans la région moyenne. Ce type est découpé sur le patron des pointes losangiques, en silex.

Fig. 2. Même type, plus massif, la pointe est brisée, les lèvres de la fente basilaire sont déchiquetées.

Fig. 3. Pointe plus étroite, de face *a*, de profil *b*. On retrouve même disposition des faces et les méplats latéraux, très accentués, cassure ancienne à la région moyenne.

Fig. 4. Même pointe, plus effilée, la base fendue est brisée.

Fig. 5. Même disposition, la fente basilaire est découverte par la rupture d'une des lèvres.

PLANCHE LXXXVII

(Suite)

Fig. 1. Belle pointe losangique, en bois de renne, de face *a*, de profil *b*. Mêmes dis-dispositions. La fente est profonde et très régulière.

Fig. 2. Pointe allongée, de face *a*, de profil *b*, légèrement incurvée ; deux cassures anciennes. Les deux tiers inférieurs sont un rectangle allongé qui s'effile en une extrémité pénétrante acérée.

Fig. 3. Pointe large, de forme losangique, de profil *a*, de face *b*. Les deux lèvres divergentes limitent une fente qui occupe le tiers inférieur de la pièce.

Fig. 4. Extrémité aiguë d'une pointe de même genre, brisée au niveau de la fente.

Fig. 5. Phalange de renne percée comme les sifflets de chasse magdaléniens.

PLANCHE LXXXVIII

Poinçons — Pendeloques

Fig. 1. Gros poinçon en bois de renne ; la partie basilaire cylindrique est légèrement retouchée pour former manche, elle s'effile en une pointe destinée au travail.

Fig. 2. Poinçon plus petit, en bois de renne, à manche triangulaire, à pointe aiguë.

Fig. 3. Même type, bien fini, pointe très délicate.

Fig. 4. Sorte de spatule courbe, en bois de renne, terminées par deux extrémités mousses, arrondies.

Fig. 5. Instrument formé par un petit andouiller détaché par un trait de scie oblique. L'ouvrier s'est repris à plusieurs reprises pour obtenir ce résultat d'où plusieurs incisions parallèles longitudinales. Comme la spatule, cet instrument a pu servir de lissoir.

Fig. 6. Incisive de lion des cavernes percée pour être portée en pendeloque. Le trou a été obtenu par deux dépressions qui partant de chaque face convergent à la petite ouverture destinée au passage du lien. C'est le procédé employé pendant le magdalénien. Ce trophée de chasse provenait d'un grand félin dont nous avons trouvé dans la couche des débris de mâchoire.

PLANCHE LXXXIX
Pendeloques — Poinçons

Fig. 1. Phalange de ruminant, percée pour être portée en pendeloque.

Fig. 2. Galet roulé de la Vézère portant une dépression ovalaire, en cupule allongée.

Fig. 3. Grand poinçon, en bois de renne, grossièrement façonné, présentant un manche légèrement incurvé et une pointe terminale.

Fig. 4. Même type, à base triangulaire élargie, pointe se détachant du manche épais.

Fig. 5. Péroné de bovidé, appointé en poinçon court.

PLANCHE XC
Poinçons — Bois de renne sciés

Fig. 1. Stylet du canon du cheval appointé en poinçon.

Fig. 2. Même pièce, même allure.

Fig. 3. Lame détachée de la surface d'un bois de renne, retaillée latéralement en forme losangique.

Fig. 4. Lame de même ordre portant des incisions longitudinales parallèles déterminant trois lobes rectangulaires allongés.

PLANCHE XCI
(Suite)

Fig. 1. Petit poinçon court, en bois de renne ; c'est une amande aplatie pour la prise entre deux doigts, pointe courte.

Fig. 2. Stylet d'un cheval ayant servi de poinçon.

Fig. 3. Même instrument.

Fig. 4. Portion de bois de renne taillée en sifflet à la base par deux coups de scie obliquement dirigés.

PLANCHE XCII
(Suite)

Fig. 1. Andouiller fourchu détaché d'un bois de renne, portant quelques stries obliques.

Fig. 2. Andouiller détaché par un coup de scie rectiligne.

Fig. **3**. Même partie, détaché par le même procédé.

Fig. **4**. Morceau de bois de renne avec méplat oblique déterminé par deux coups de scie, menés à la rencontre l'un de l'autre, des surfaces vers la région spongieuse.

PLANCHES XCIII et XCIV

(Suite)

Fig. **1**. Base d'un bois de renne dont les parties compactes ont été détachées par un coup de scie régulièrement circulaire.

Fig. **2**. Même portion d'un bois de renne portant sur divers points des traces de travail intentionnel.

PLANCHES XCV et XCVI

Poignard en bois de grand cerf

Fig. **1**. Cette pièce énorme, formée par la base d'un bois du *Carvus elaphus* porte de nombreux traits de scie qui ont permis à l'ouvrier de façonner une poignée solide, avec une garde résistante et une lame perforante. C'est l'empaumure qui était destinée à la main reposant contre la branche divergente formant la garde. La lame, vue de profil en *a*, et de face *b*, est élargie, s'atténuant en pointe à l'extrémité. Par un coup de scie longitudinal, l'épaisseur de cette lame a été réduite au maximum. C'était dans son ensemble une arme puissante et résistante. La pointe est éraillée, rendue mousse par la destruction des tissus spongieux qui sont abondants dans les bois du grand cerf.

CRO-MAGNON

PLANCHE XCVII

Grattoirs

Fig. **1**. Grand grattoir triangulaire à tranchant surbaissé, arête médiane. Cette pièce est formée d'un éclat enlevé à la surface d'un rognon dont elle porte sur ses deux faces la croûte non retouchée, le tranchant seul est déterminé par des retouches convergentes. Croûte jaune, silex gris.

Fig. **2**. Grattoir épais, à tranchant convexe, régulièrement circulaire. Tout le contour est repris par de longues retouches comme dans les grattoirs de Gorge d'Enfer. Région moyenne épaisse marquée d'une dépression irrégulière ; silex brun.

Fig. **3**. Grande lame incurvée munie d'une large encoche latérale formant un tranchant concave par l'enlèvement de larges éclats. La crête saillante et le bord opposé sont aussi largement retouchés. Une extrémité se prolonge, par un bord formant ciseau oblique, en une pointe saillante, l'autre extrémité mousse termine un manche rectangulaire ; silex brun.

Fig. **4**. Pièce de même sorte, plus petite. L'encoche concave se prolonge par des retouches sur toute longueur du bord ; pointe aiguë ; silex noir piqueté de blanc.

Fig. **5**. Lissoir à extrémité mousse finement retaillée, de forme triangulaire, se terminant en un talon élargi de bonne prise pour la main.

PLANCHE XCVIII

Pointes — Scies

Fig. 1. Fragment d'une large lame reprise sur ses deux bords par de larges retouches. Celles-ci déterminant sur le bord gauche un tranchant concave nettement accentué. Talon arrondi. Cette partie représente un manche détaché de sa lame par une cassure ancienne. Silex gris-jaunâtre à croûte brune conservée sur le pan gauche.

Fig. 2. Extrémité très aiguë d'une pointe à face plane, larges retouches sur les bords ; silex jaunâtre.

Fig. 3. Extrémité mousse d'un lissoir ; silex ardoisé.

Fig. 4. Même pièce, même disposition ; silex gris.

Fig. 5. Même extrémité, à tranchant plus élargi, nombreuses retouches sur les bords ; silex jaunâtre.

Fig. 6. Longue scie, à dos élargi formé par la croûte du rognon, lame allongée se terminant par un bord finement denticulé par des retouches régulières ; silex ardoisé.

PLANCHE XCIX

Pointes à fente

Fig. 1. Grande lame d'os triangulaire, à base élargie, à pointe effilée.

Fig. 2. Pointe à fente en bois de renne. De face *a*, montrant sa forme triangulaire se prolongeant d'une part en pointe saillante, s'élargissant en un talon divisé en deux lèvres par la fente caractéristique. Vue de profil *b*, de cette extrémité, avec son incisure médiane.

Fig. 3. Fragment d'une même pointe. Une des lèvres de la fente a été détachée par une cassure ancienne.

Fig. 4. Petite pointe à fente, très large, en bois de renne.

Fig. 5. Défense de sanglier, sciée à une de ces extrémités.

PLANCHE C

Poinçons — Pendeloques

Fig. 1. Osselet du sabot d'un renne, transformé en petit poinçon.

Fig. 2. Extrémité très aiguë d'un poinçon, en bois de renne.

Fig. 3. Fragment d'os appointé en une délicate extrémité perforante.

Fig. 4. Débris d'os transformé en poinçon.

Fig. 5. Poinçon court retaillé dans un stylet de cheval.

Fig. 6. Pointe élargie en bois de renne.

Fig. 7. Débris de coquille d'huître fossile, perforée en son centre.

Fig. 8. Dent usée, perforée pour pendeloque. La perforation est obtenue par deux cupules oblongues taillée sur les deux faces *a* et *b*, déterminant un point de réunion de leurs sommets une petite fente pour le passage du lien.

Fig. 2. Une incisive de renne, enlevée de la mâchoire où elle reste enfermée, vue sur ses deux faces *a* et *b*. Le trou de suspension est obtenu ici par une double perforation conique à contour très régulier.

Fig. 10. Pendeloque oblongue, en bois de renne, de face *a*, de profil *b* pour montrer le trou qui n'a été poussé que de ce côté, en sorte que la pièce, non terminée, n'est point perforée.

EXPLICATION DES PLANCHES

***

Nota. — *Nous nous bornons à indiquer les Planches se rapportant à chaque Station, le texte méthodique donnant les indications nécessaires pour la recherche des pièces représentées.*

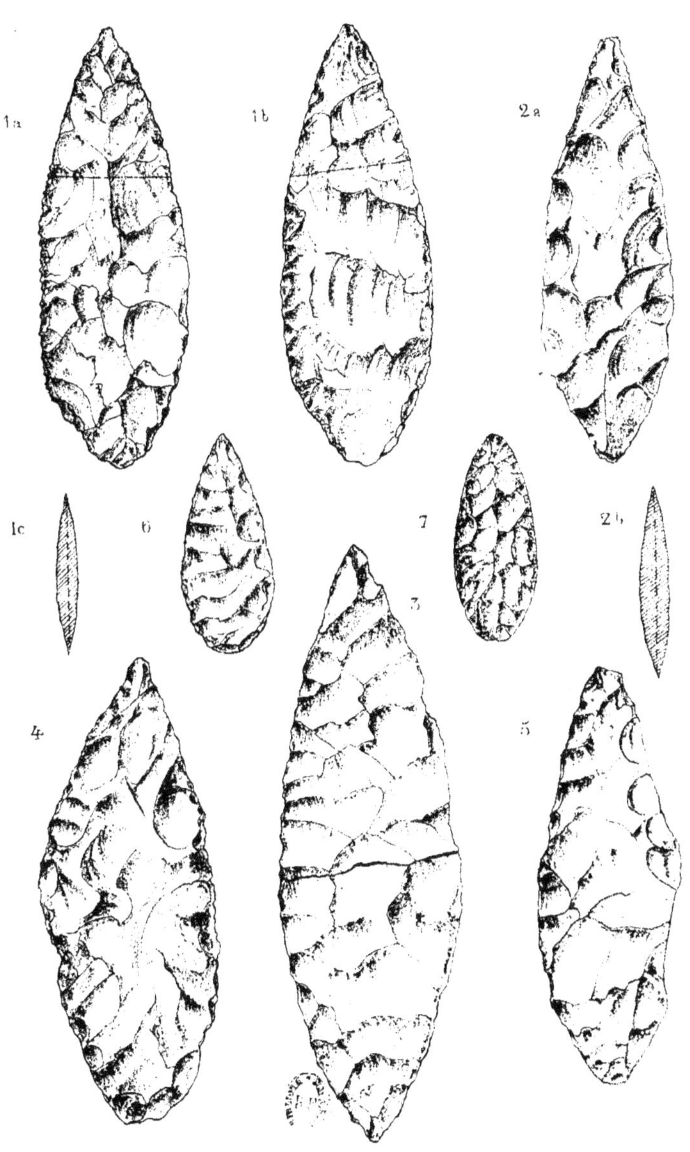

POINTES FOLIACÉES

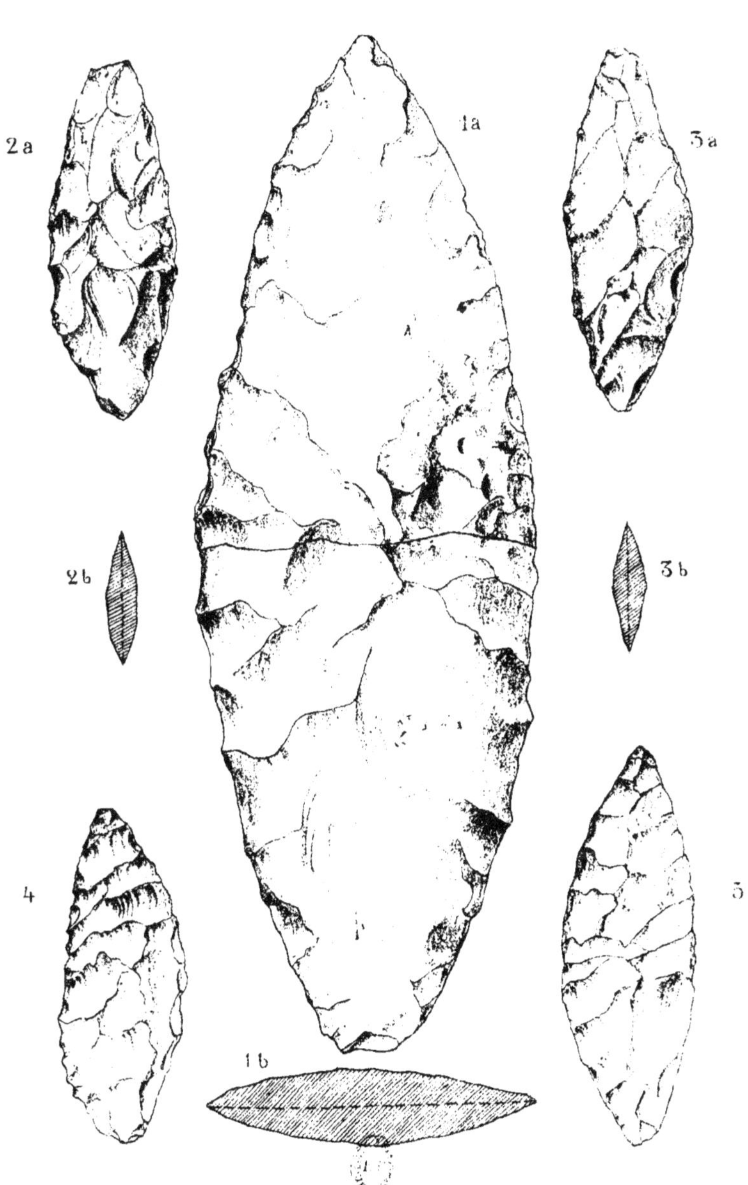

2a
1a
3a
2b
3b
4
5
1b

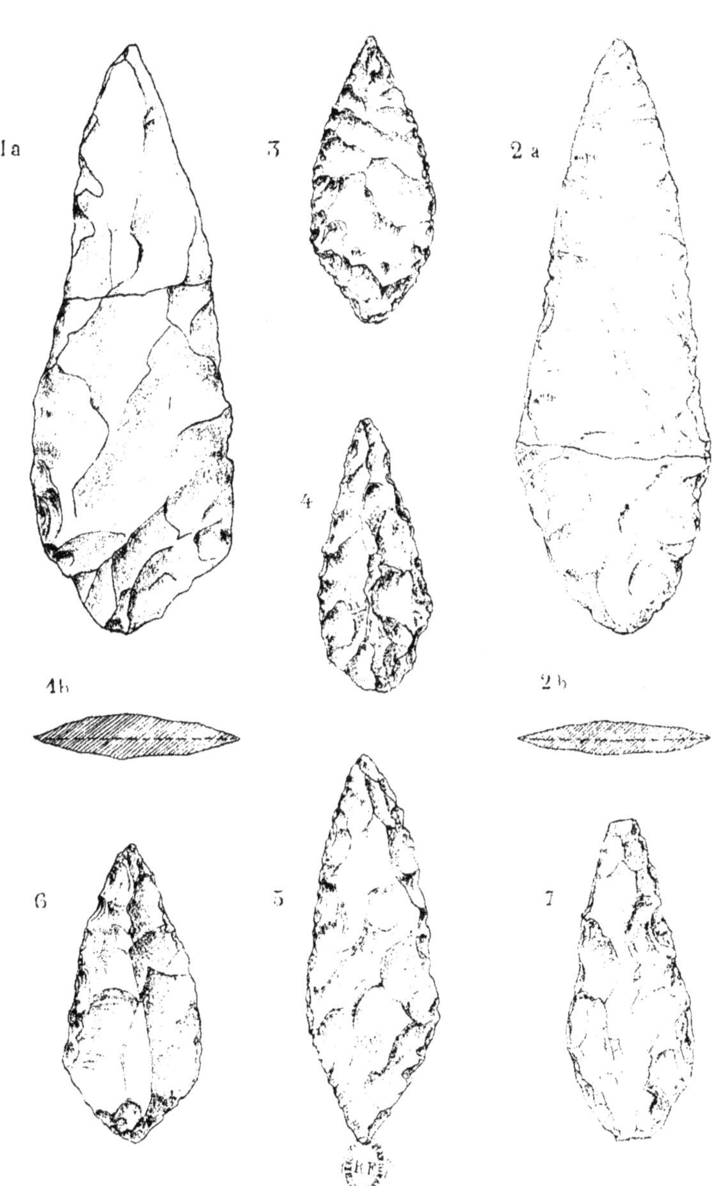

POINTES FOLIACÉES

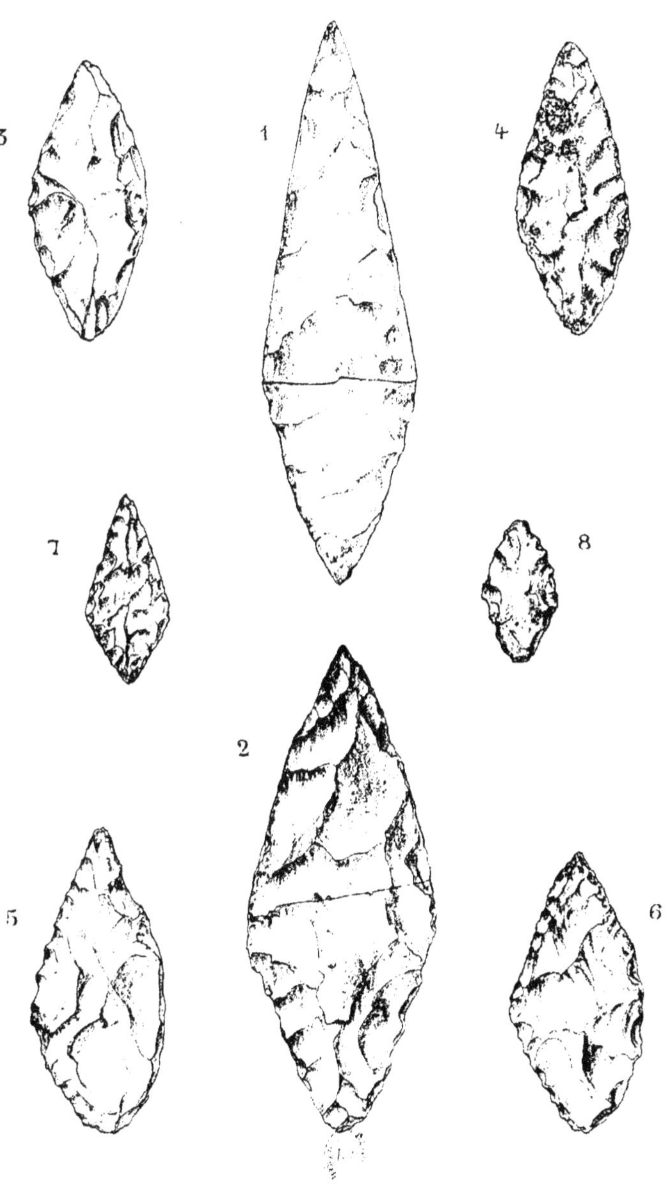

POINTES FOLIACÉES

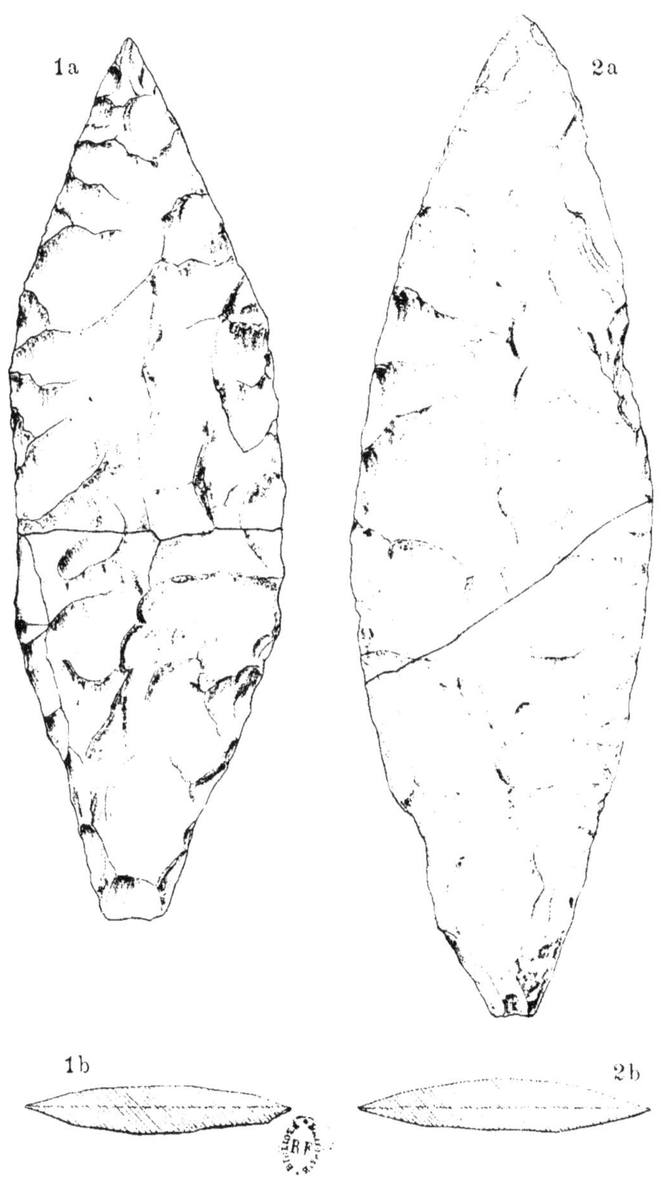

POINTES FOLIACÉES

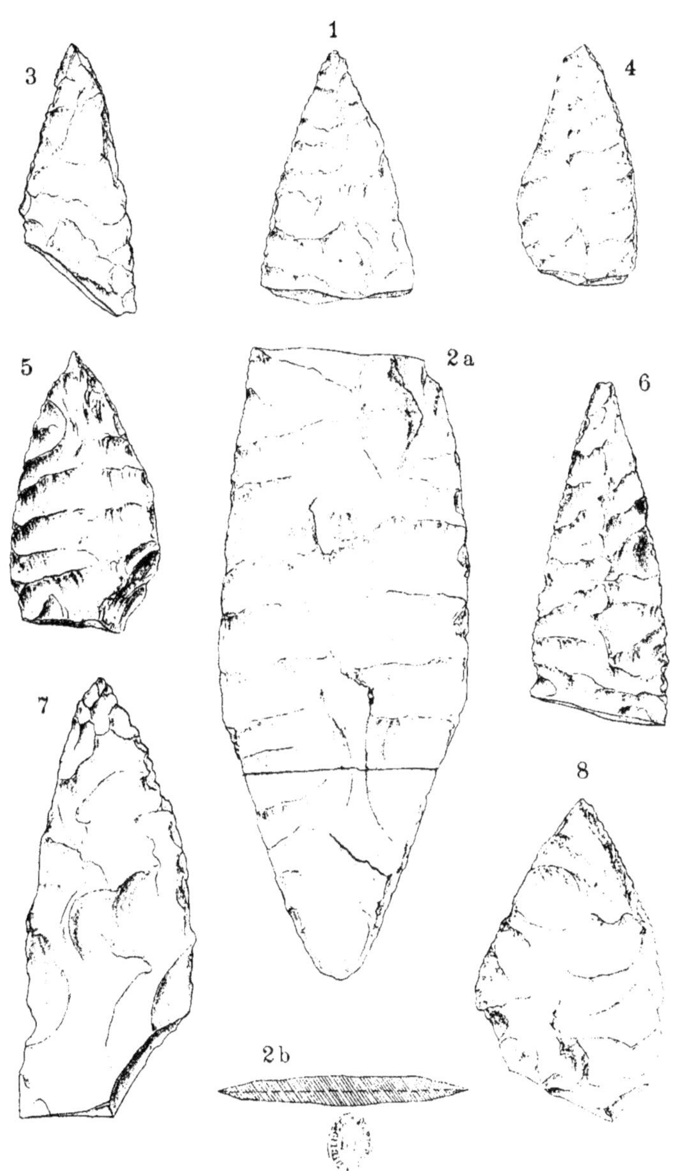

POINTES FOLIACÉES

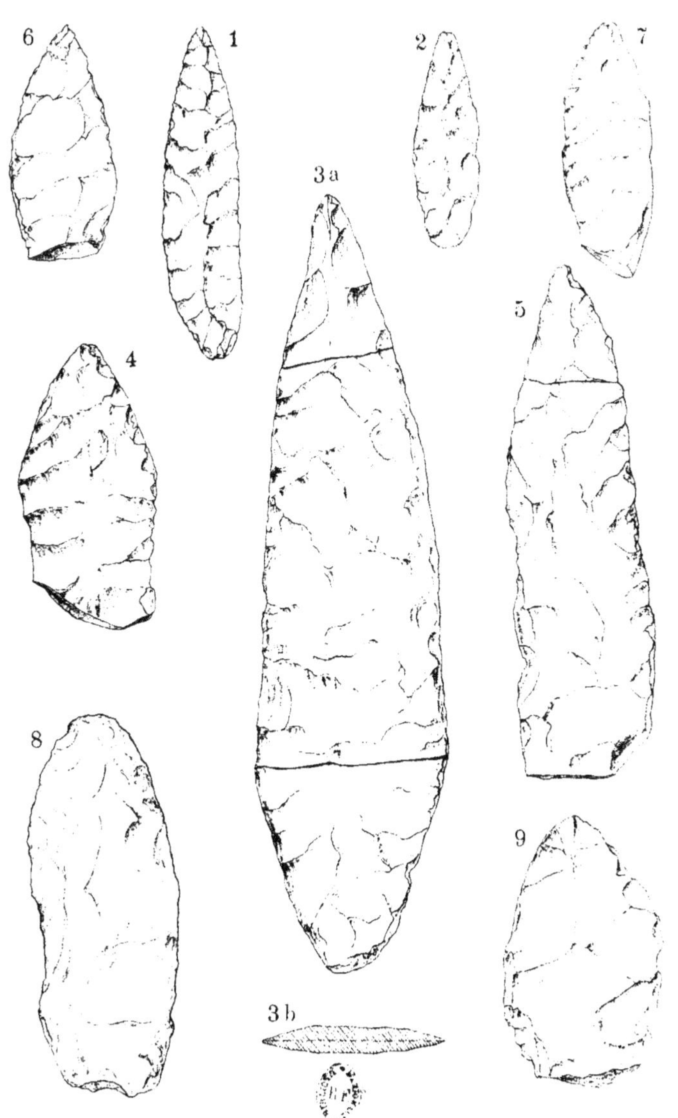

POINTES FOLIACÉES

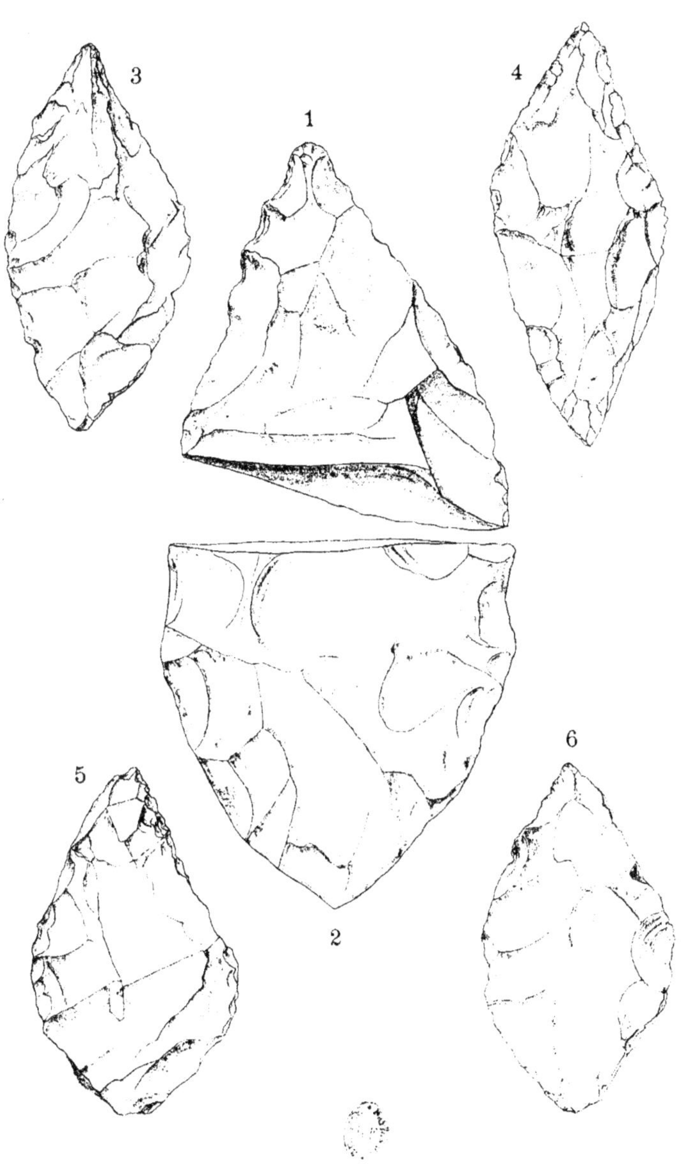

POINTES FOLIACÉES

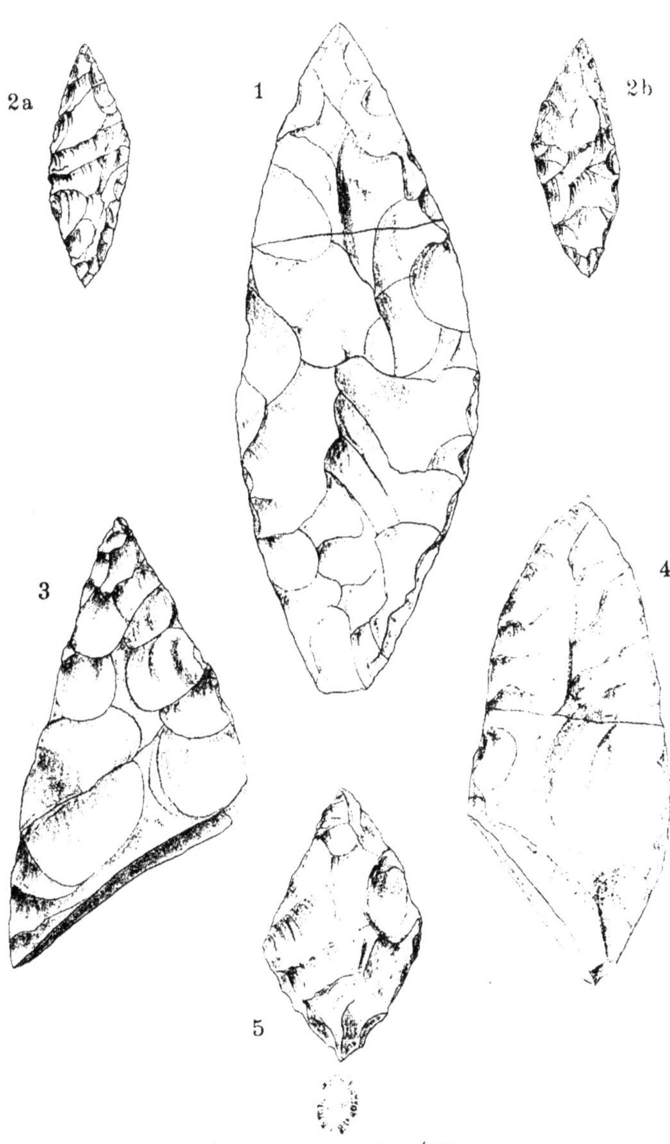

POINTES FOLIACÉES

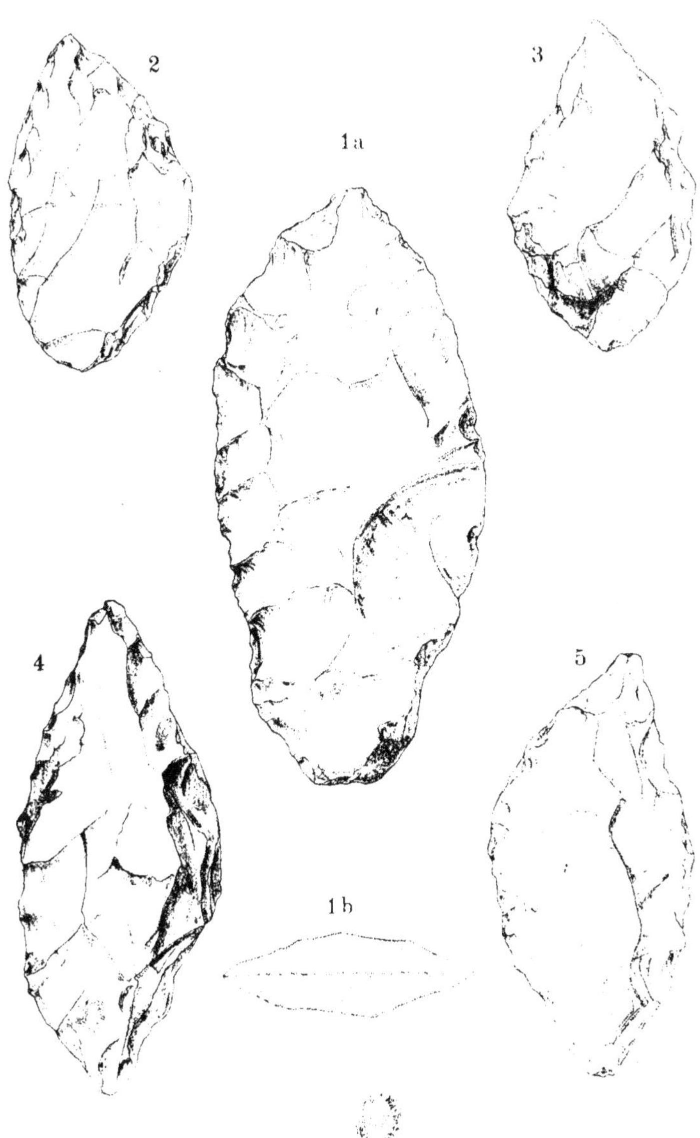

POINTES FOLIACÉES

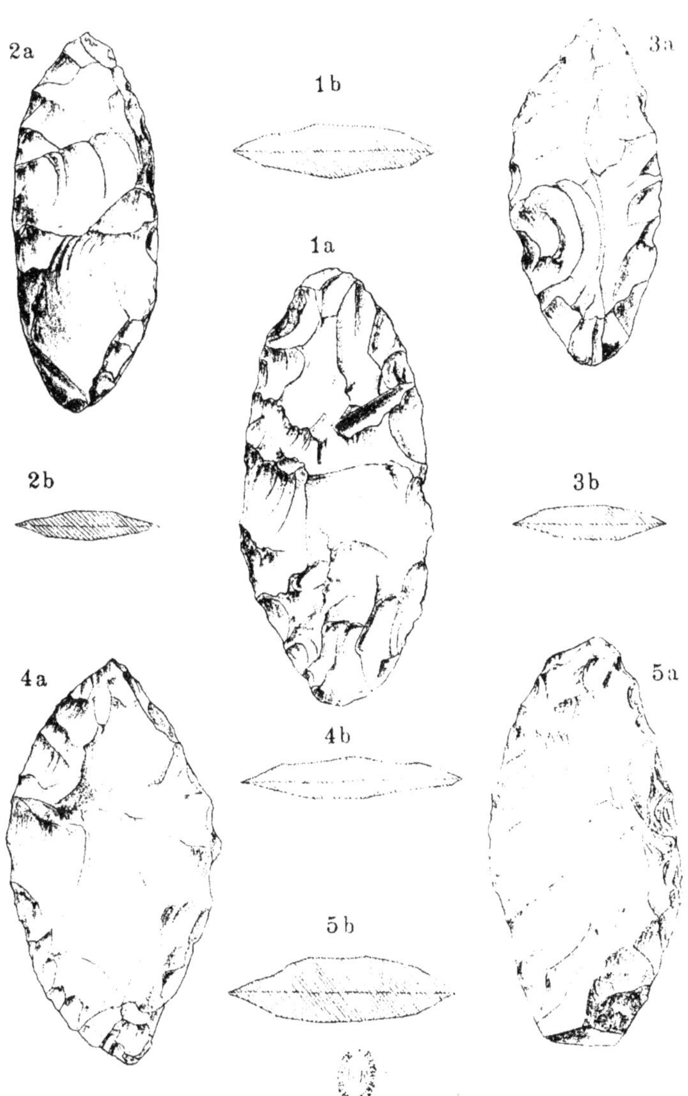

POINTES FOLIACÉES

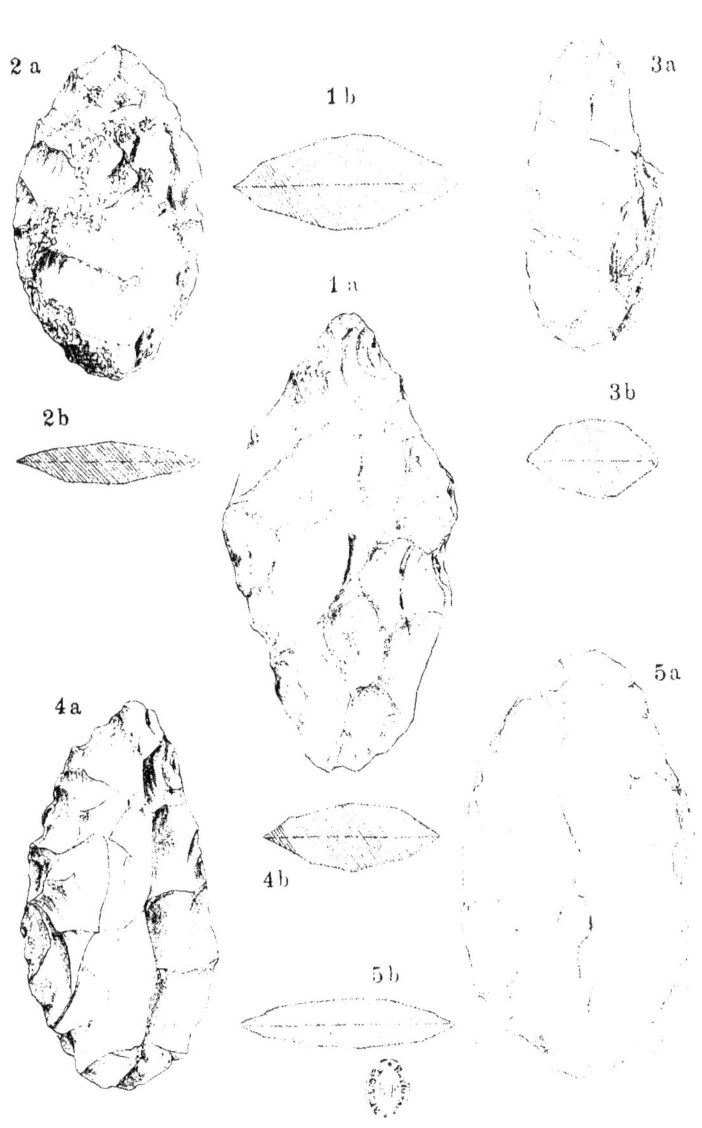

POINTES FOLIACÉES

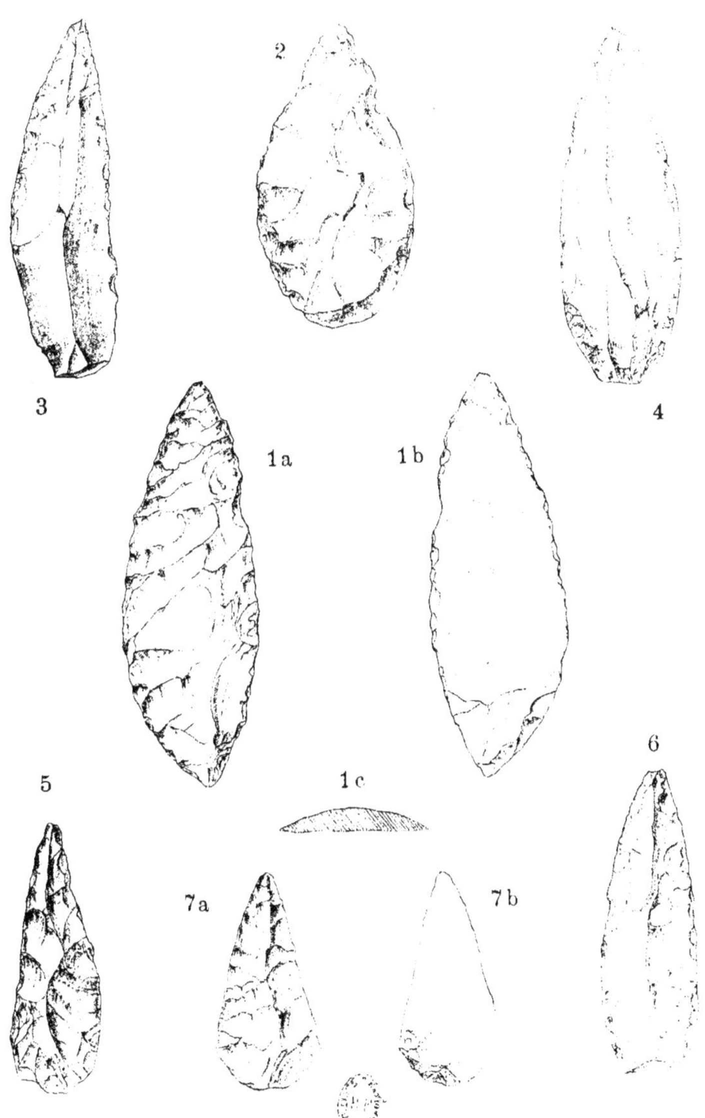

POINTES A FACE PLANE

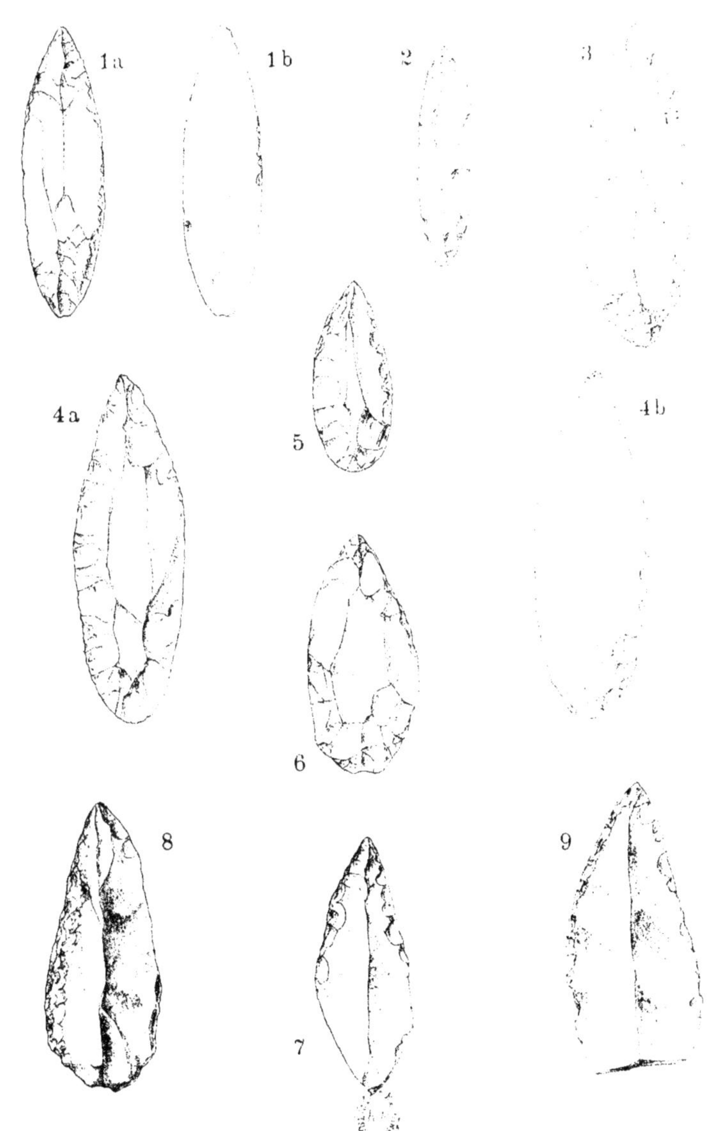

POINTES A FACE PLANE

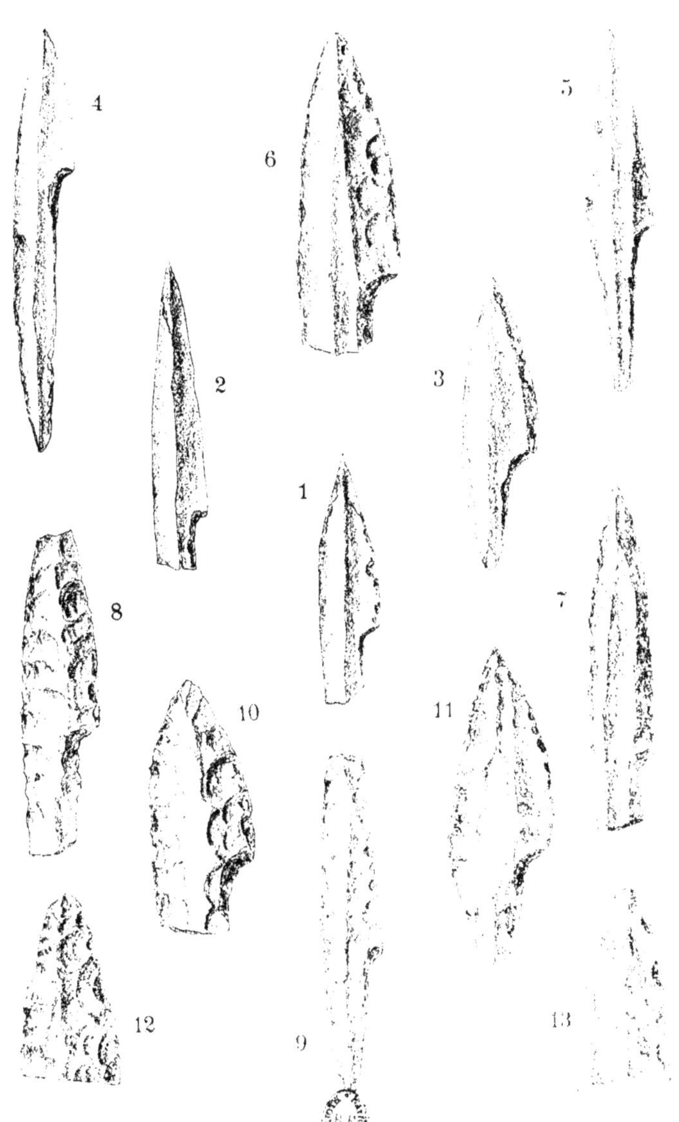

POINTES A CRAN

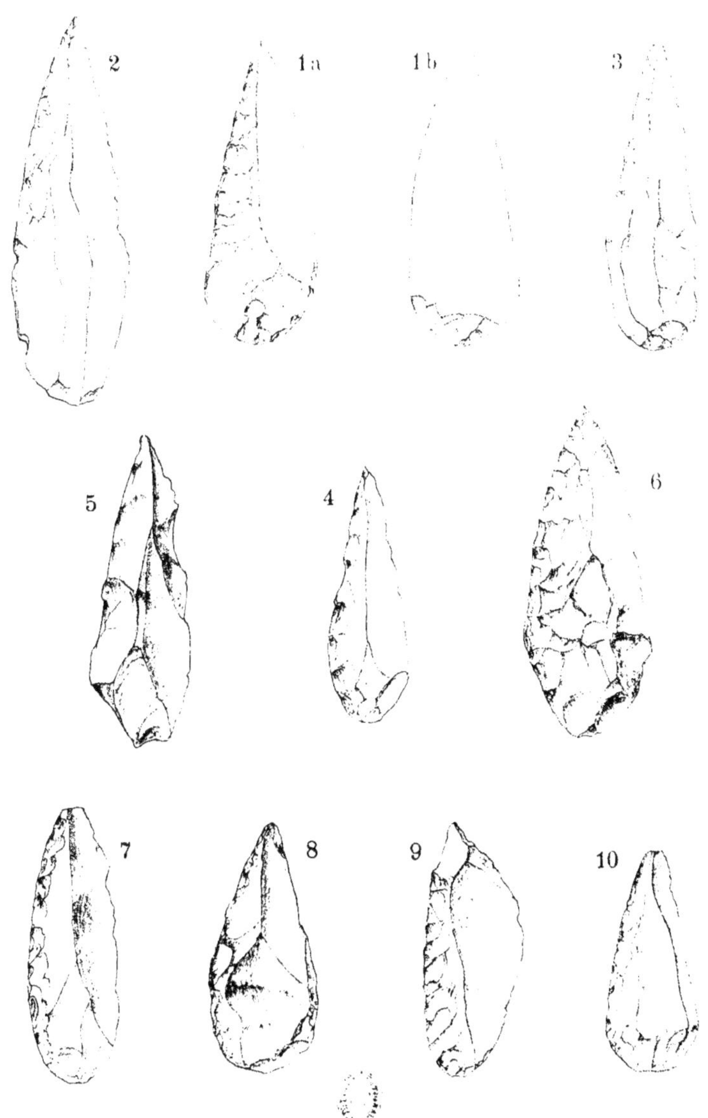

POINTES A DOS

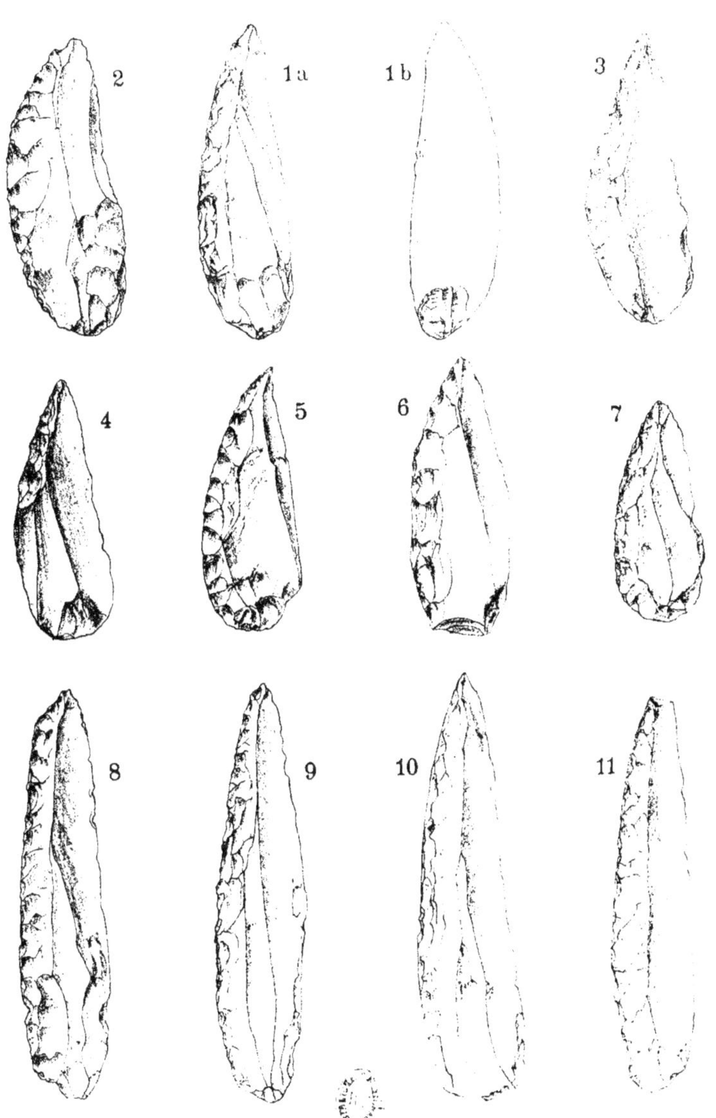

POINTES A DOS

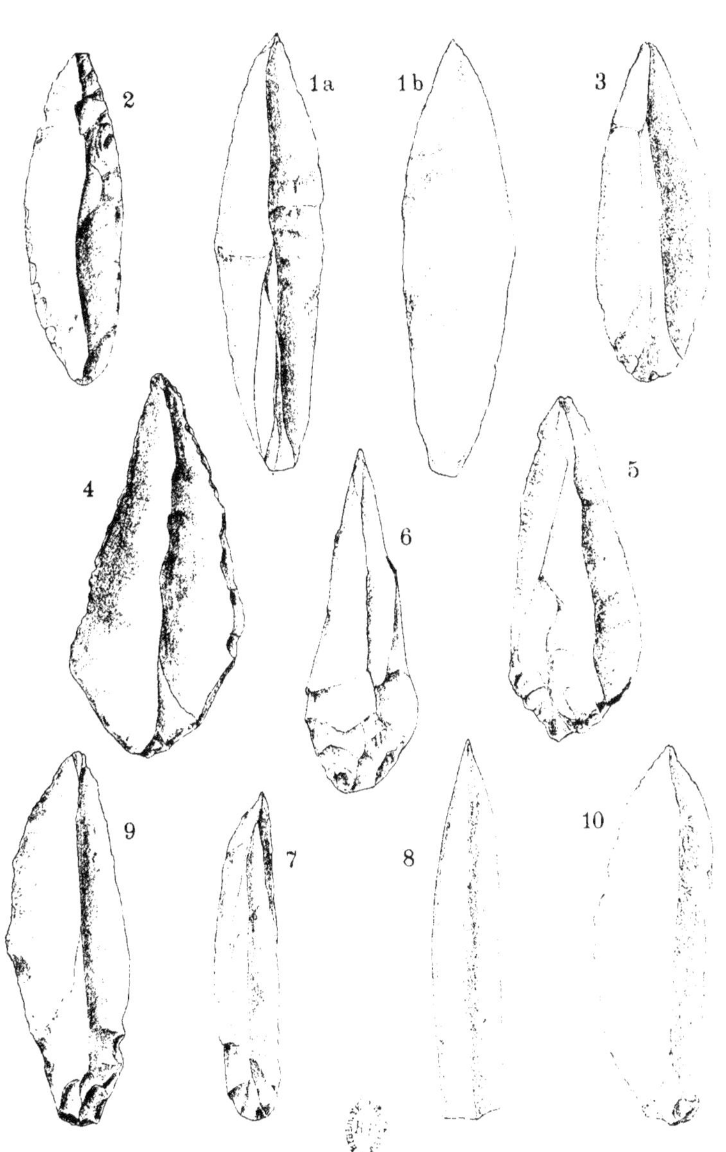

POINTES SIMPLES

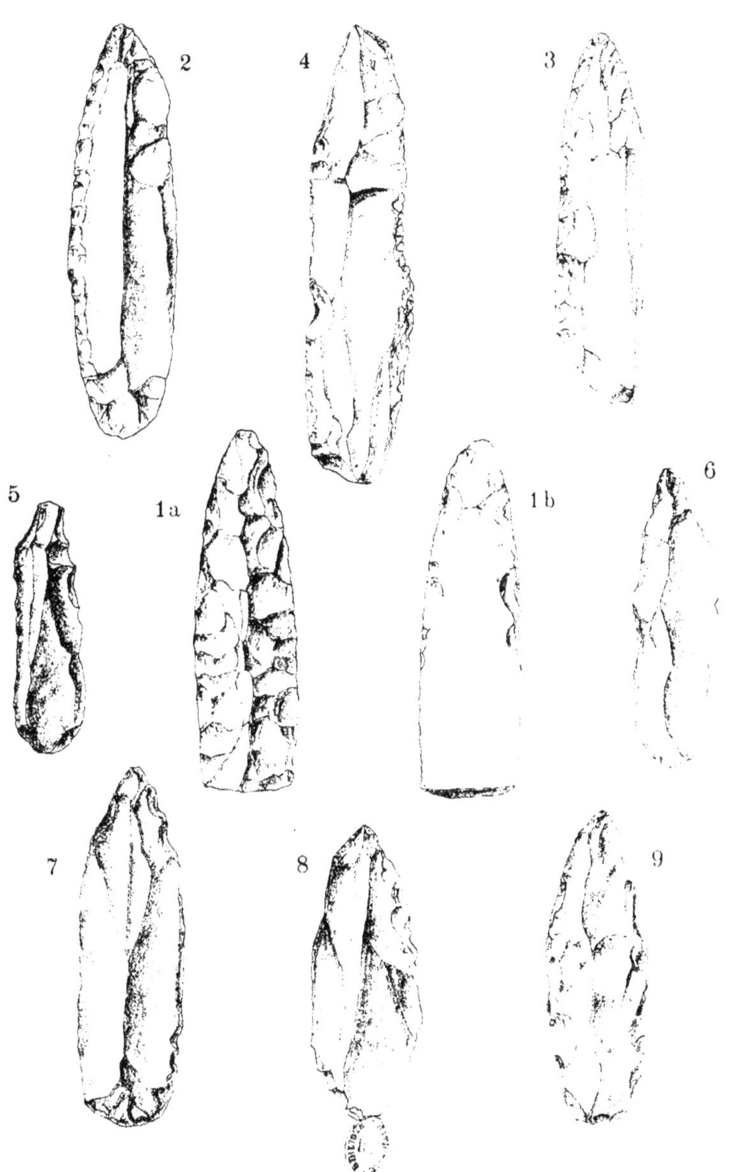

POINÇONS

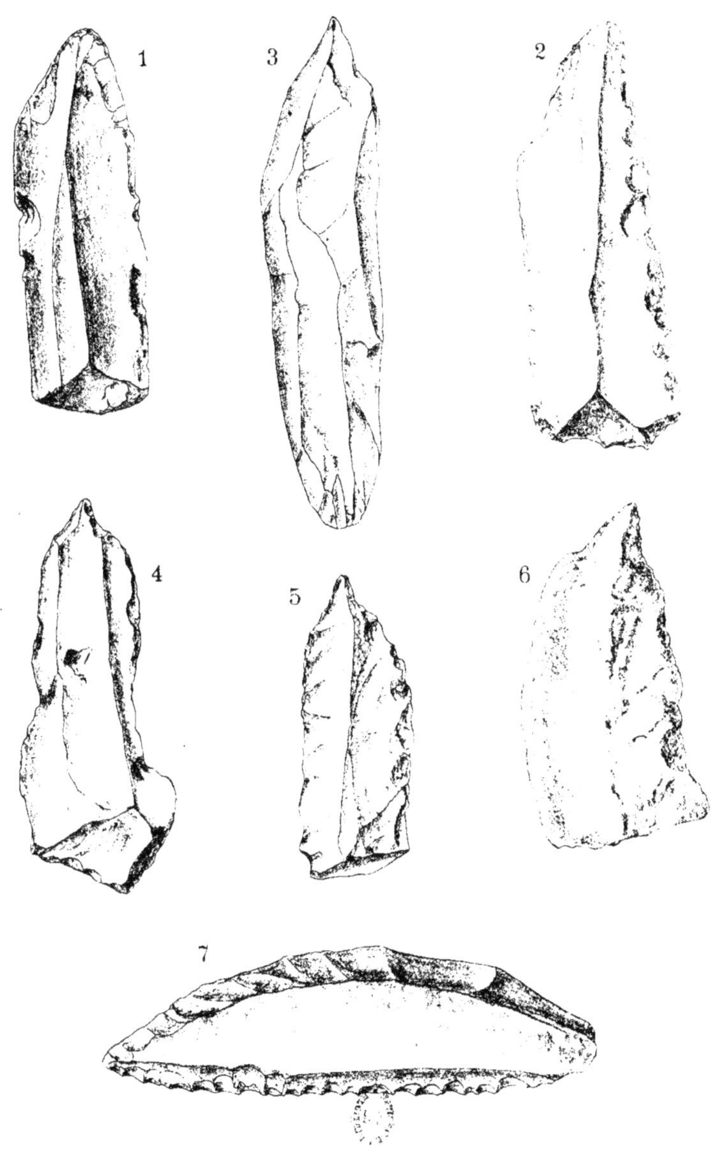

POINÇONS

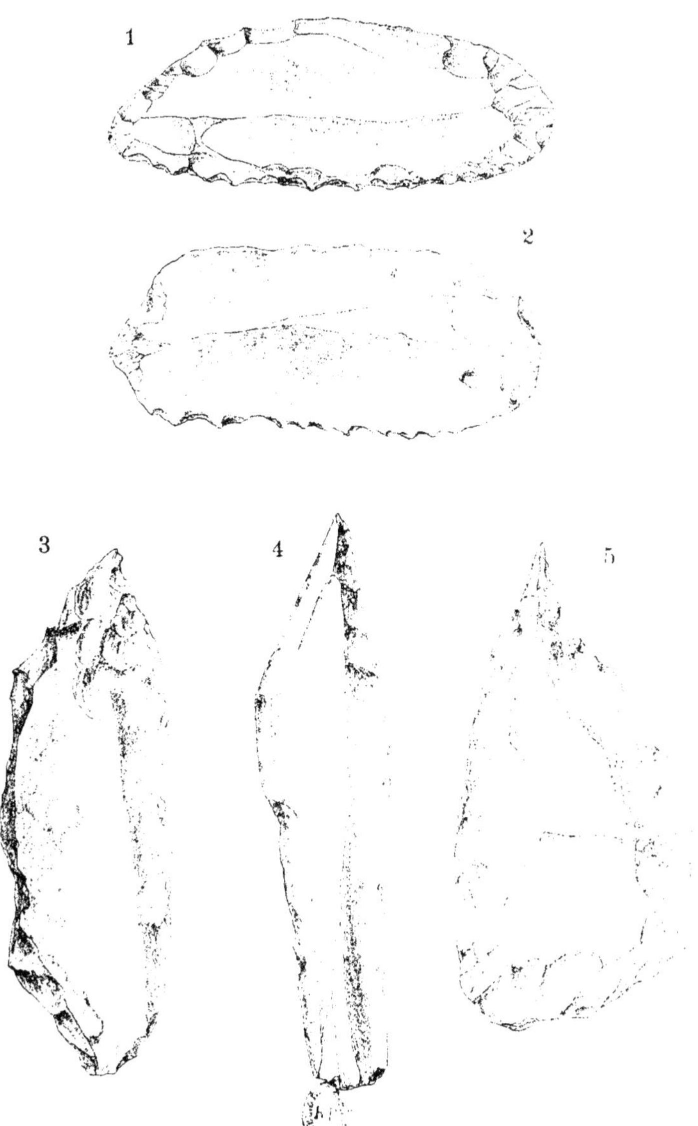

SCIES — PERÇOIRS

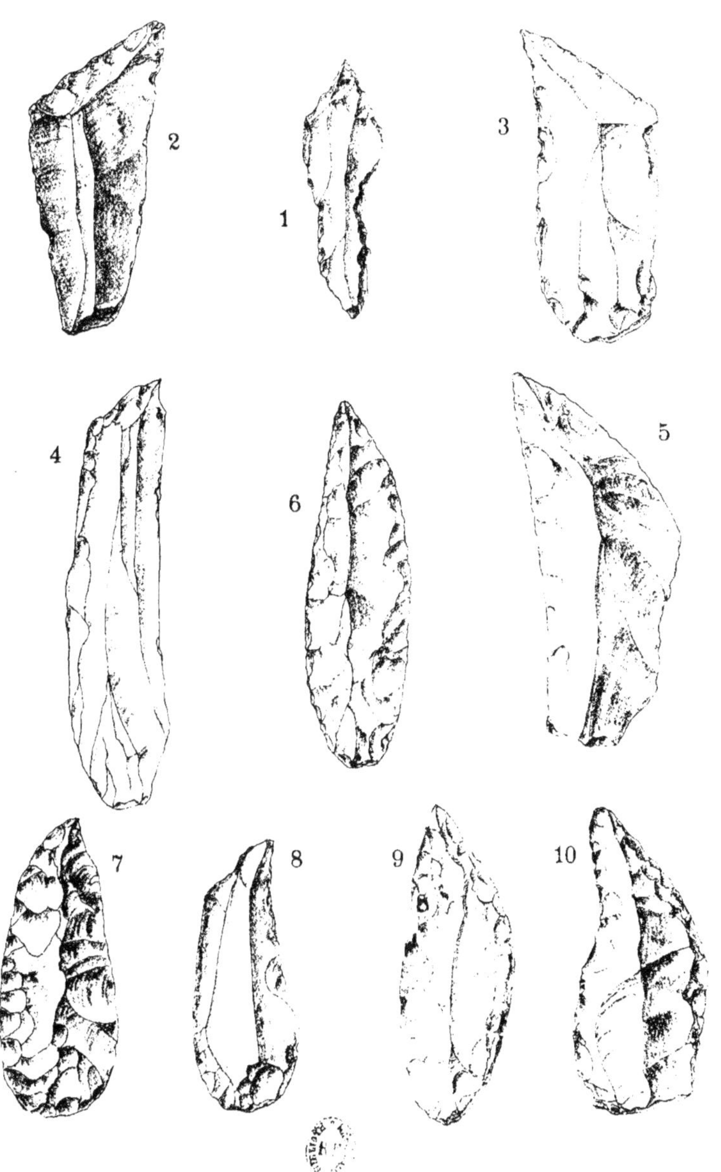

BECS DE PERROQUET

CISEAUX

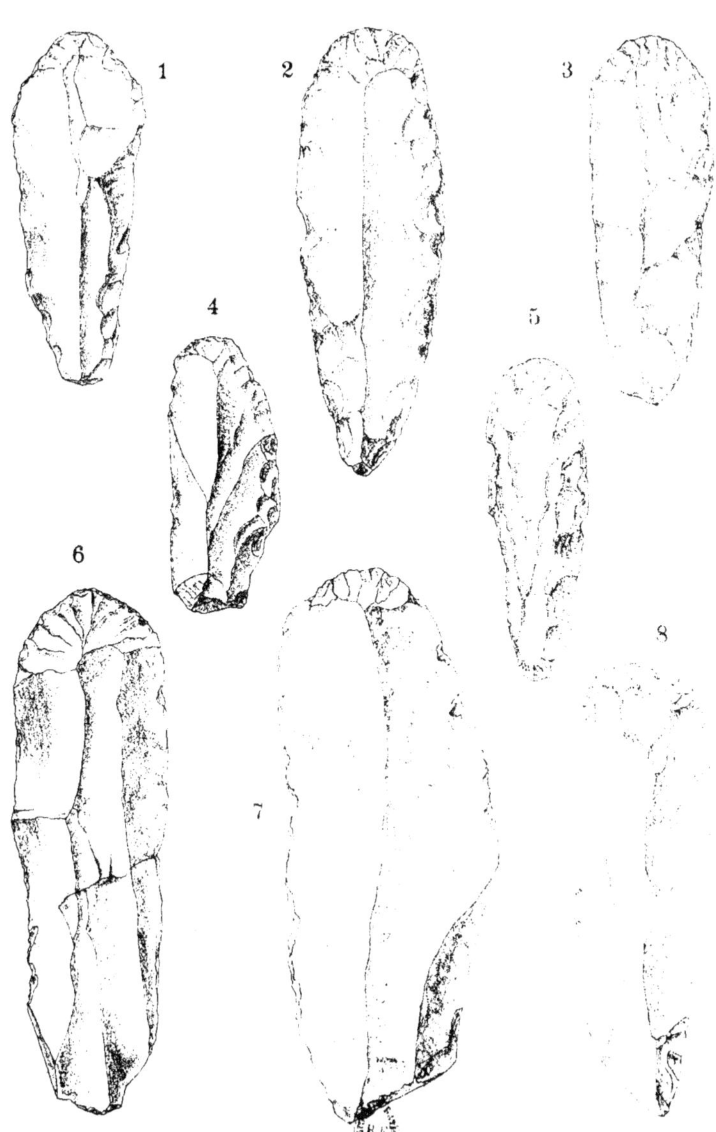

GRATTOIRS SIMPLES

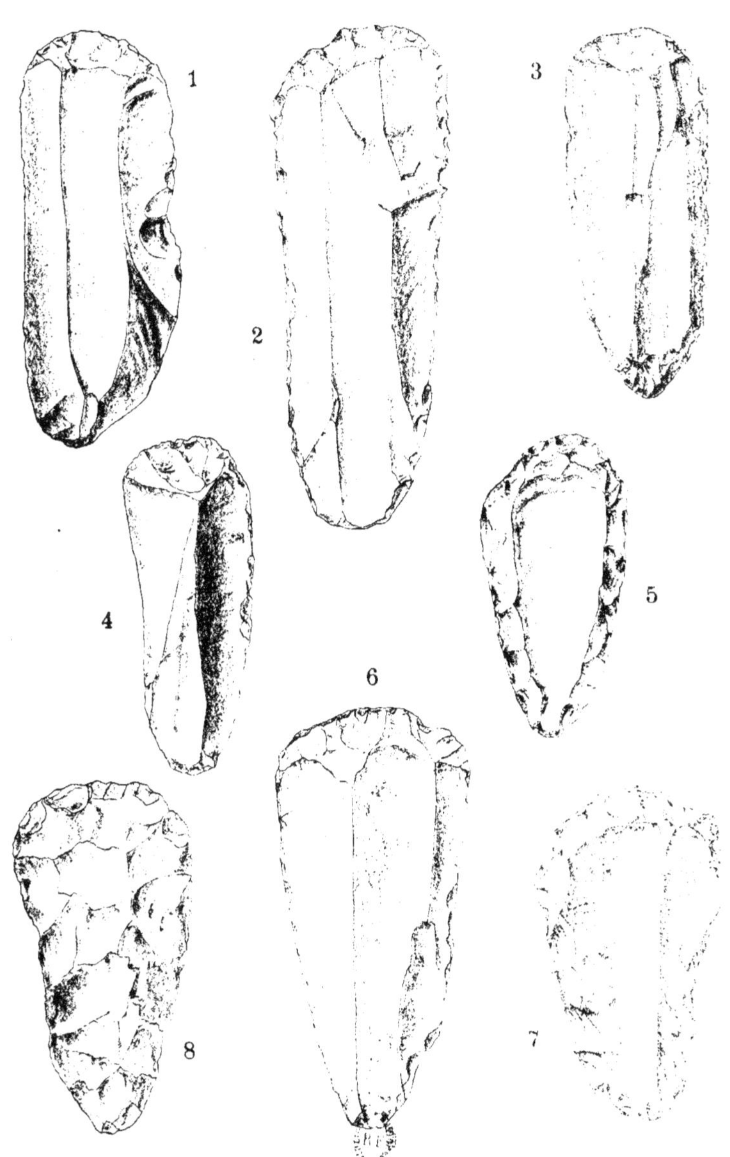

GRATTOIRS SIMPLES

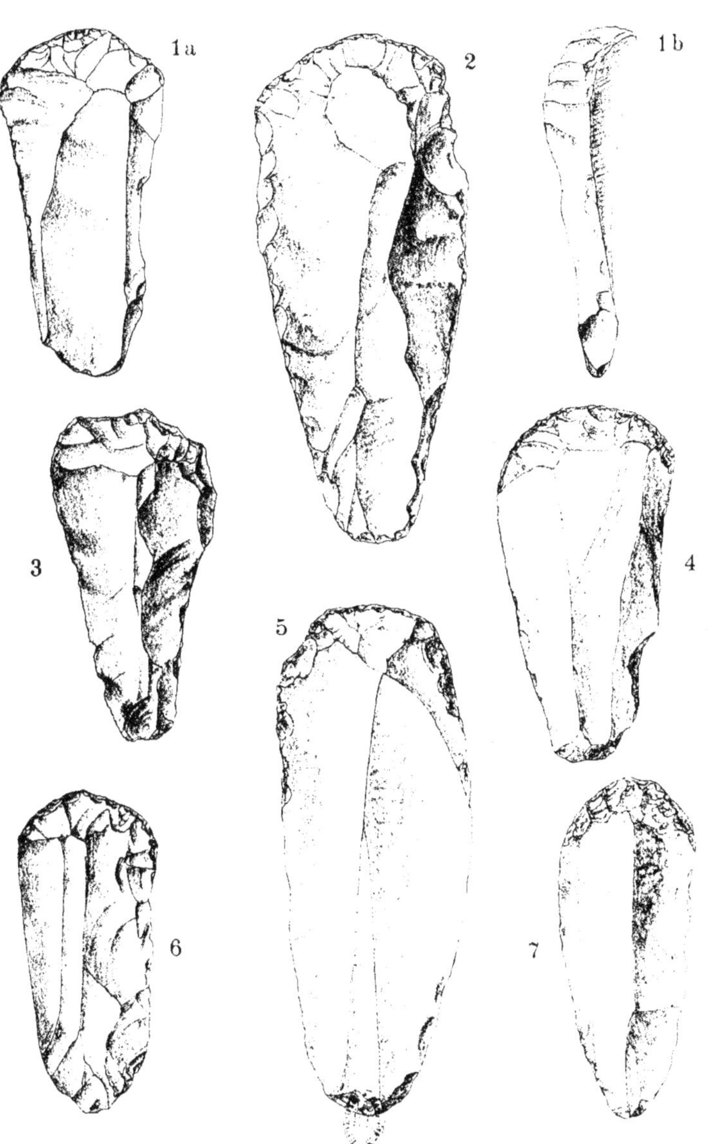

GRATTOIRS SIMPLES

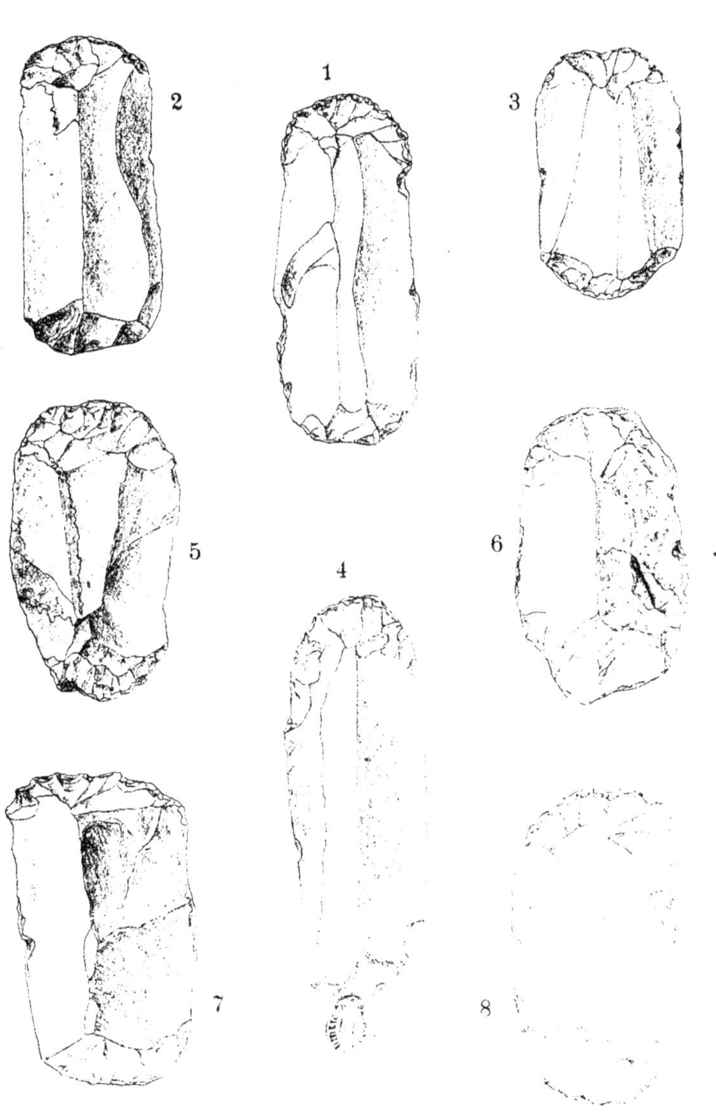

GRATTOIRS DOUBLES

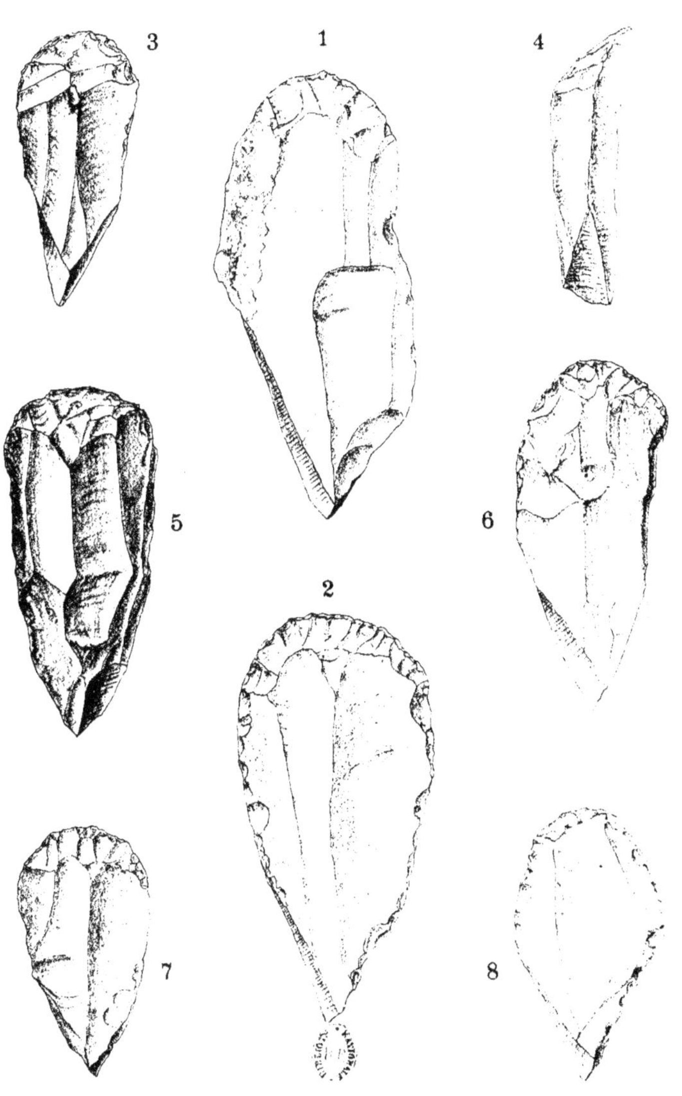

GRATTOIRS — CISEAUX

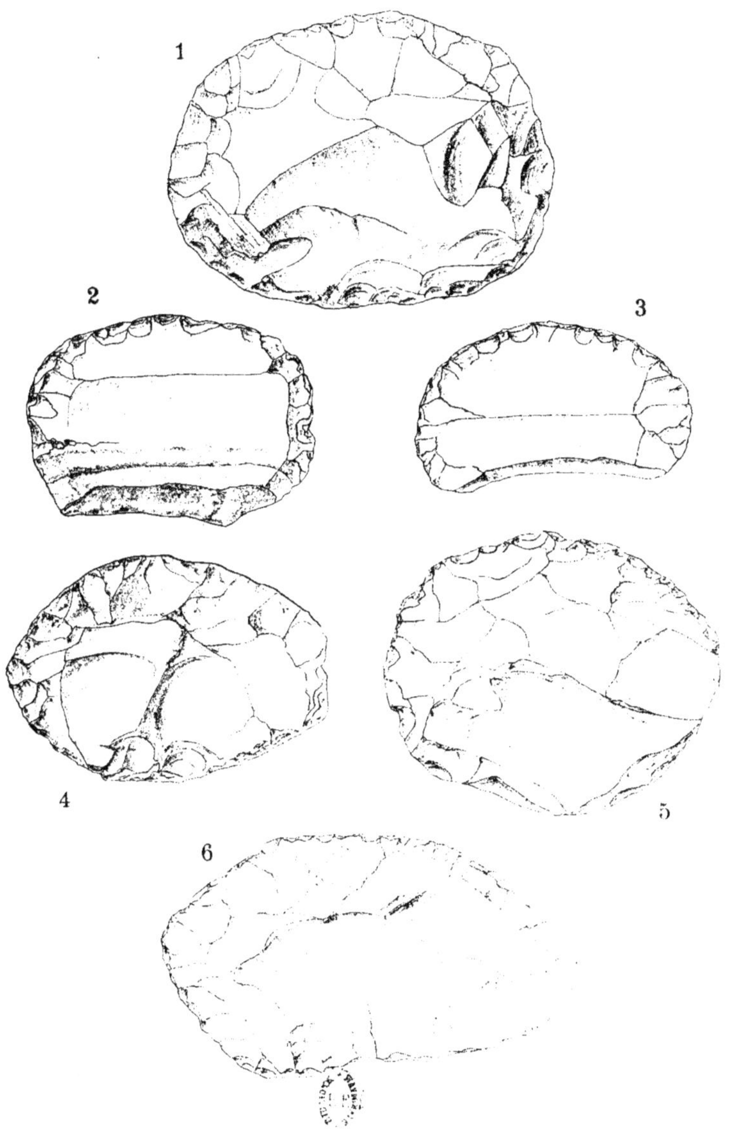

GRATTOIRS DISCOIDES

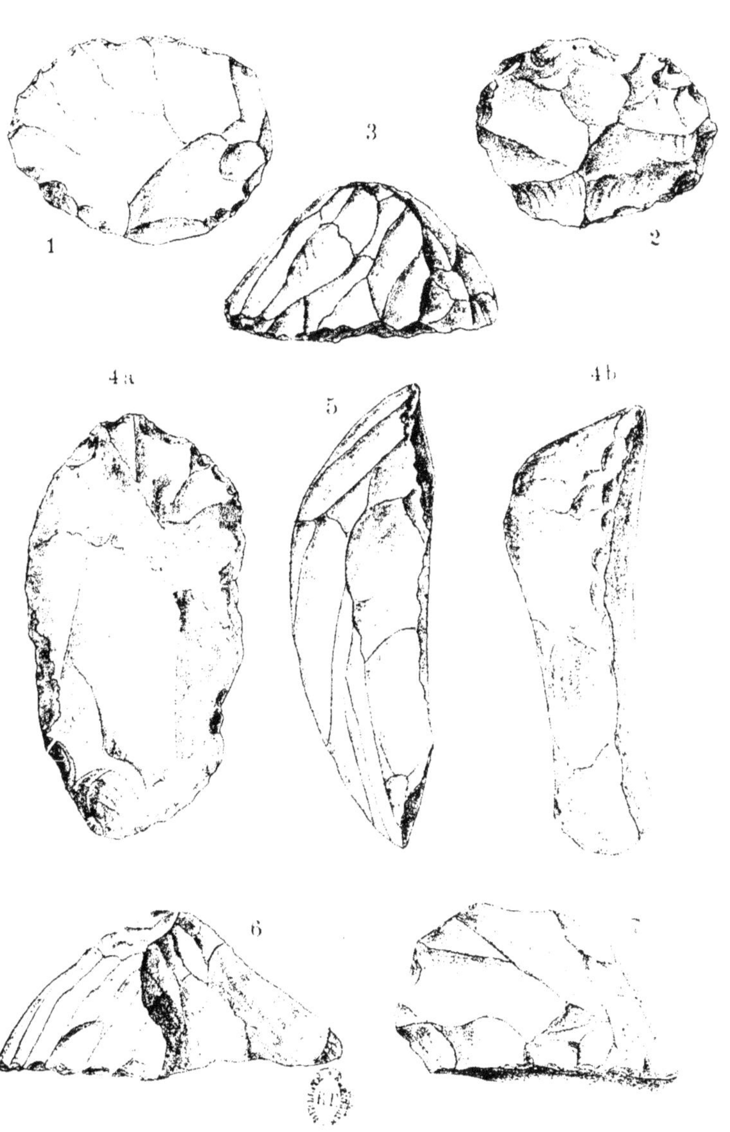

GRATTOIRS DISCOÏDES

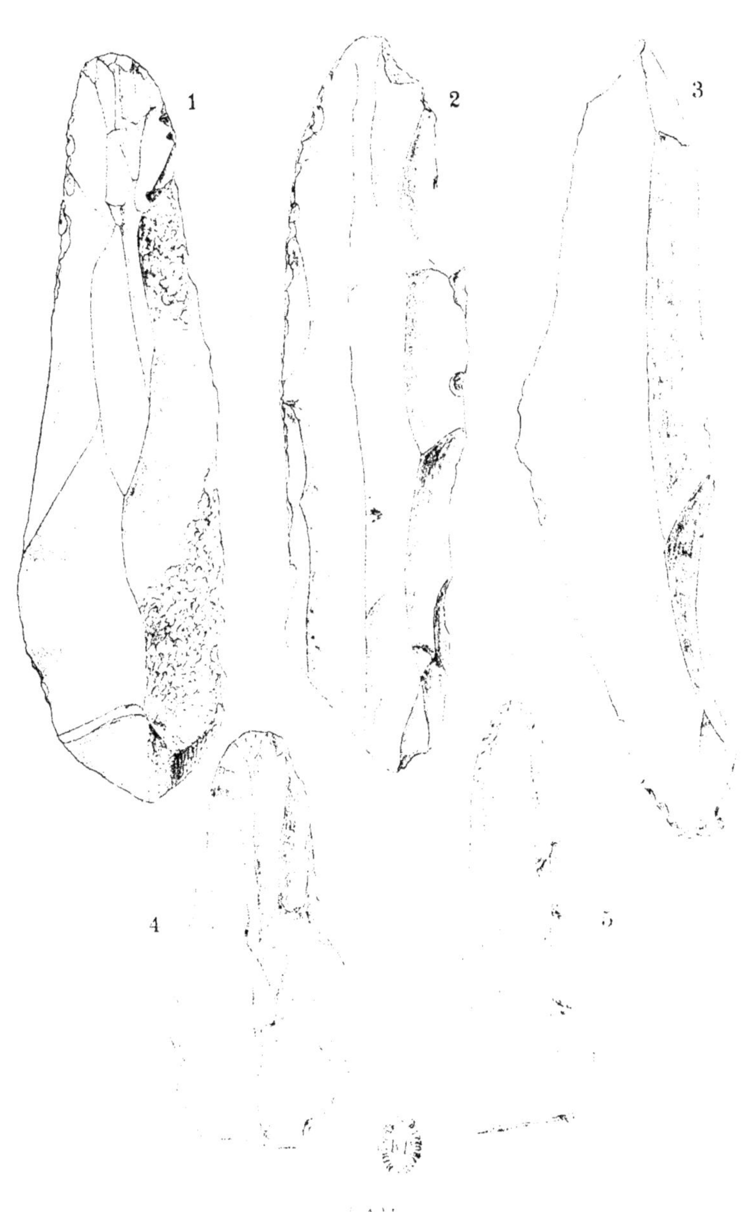
1
2
3
4
5

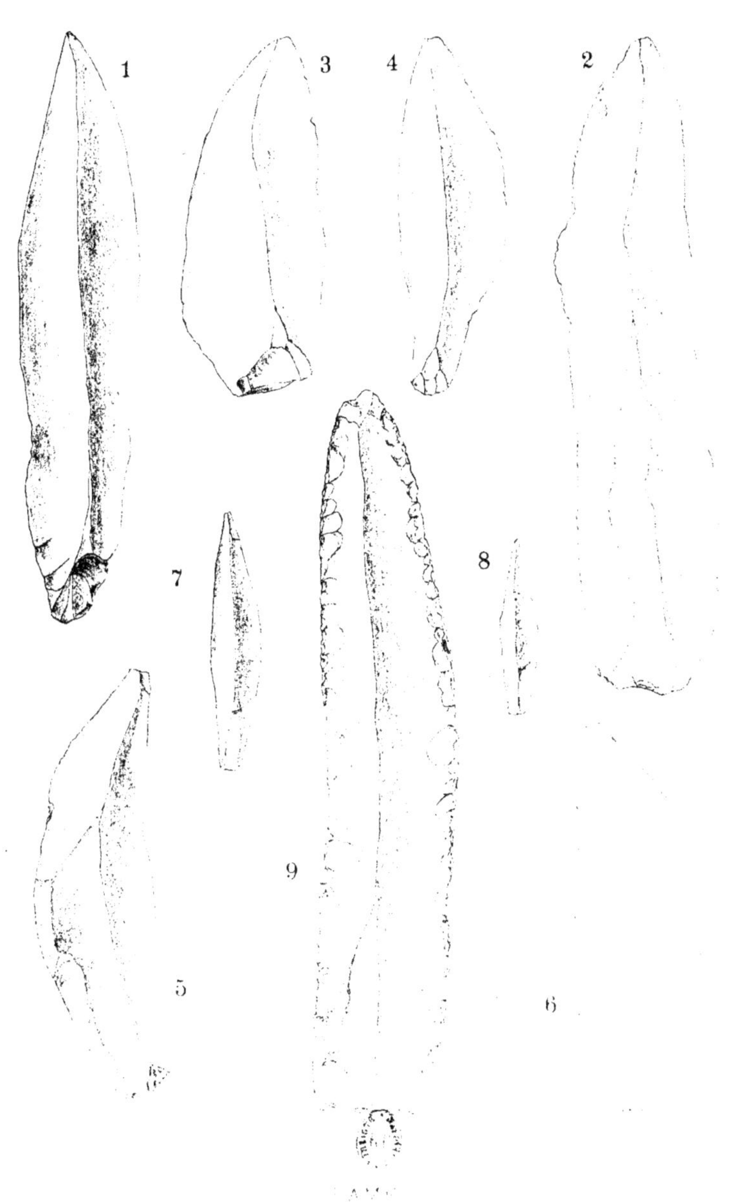

COUTEAUX

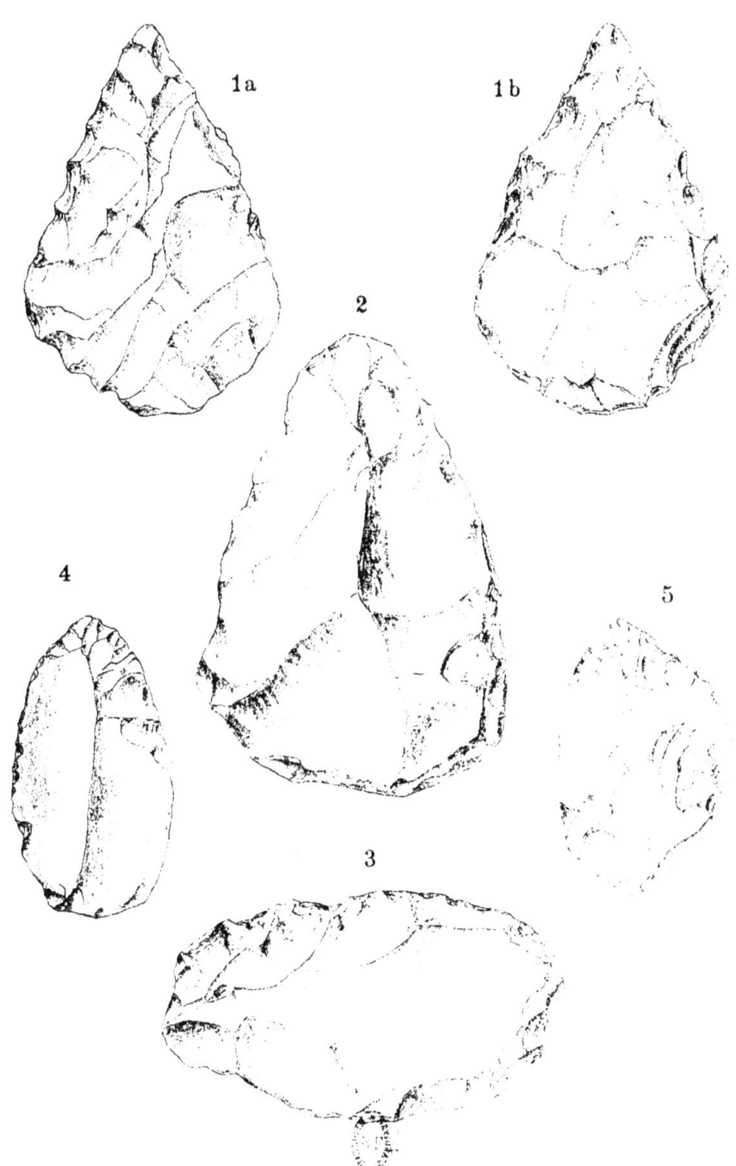

SILEX MOUSTÉRIENS

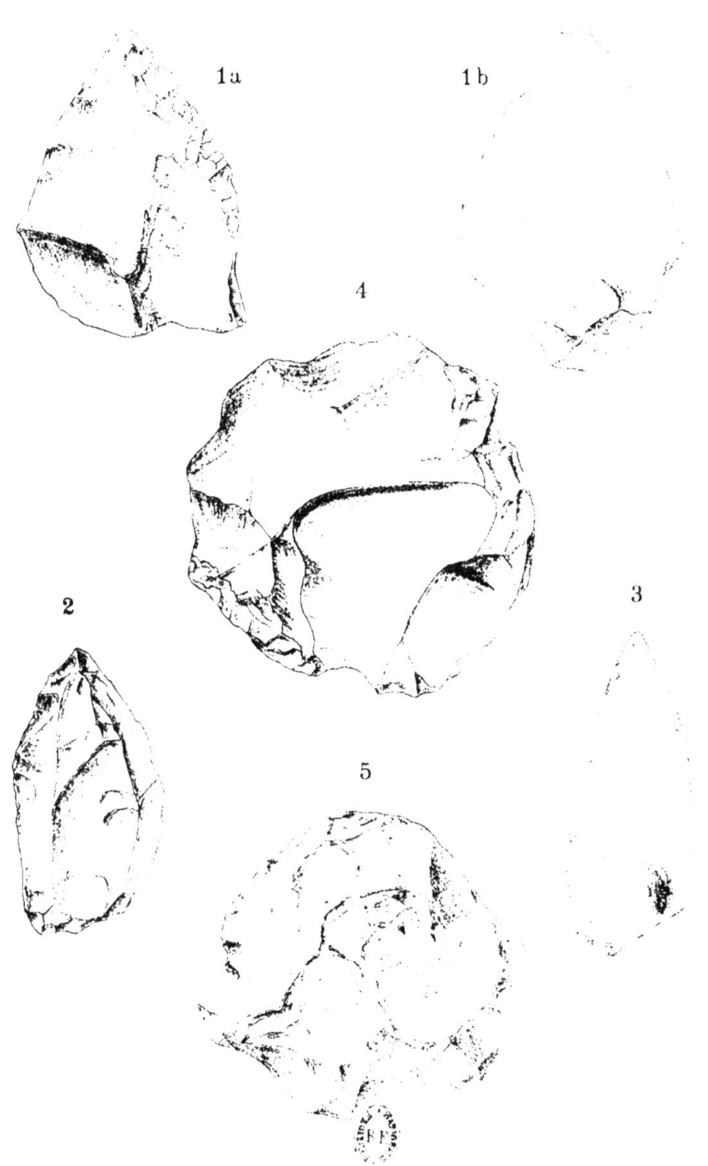

1a
1b
4
2
3
5
SILEX MOUSTÉRIENS

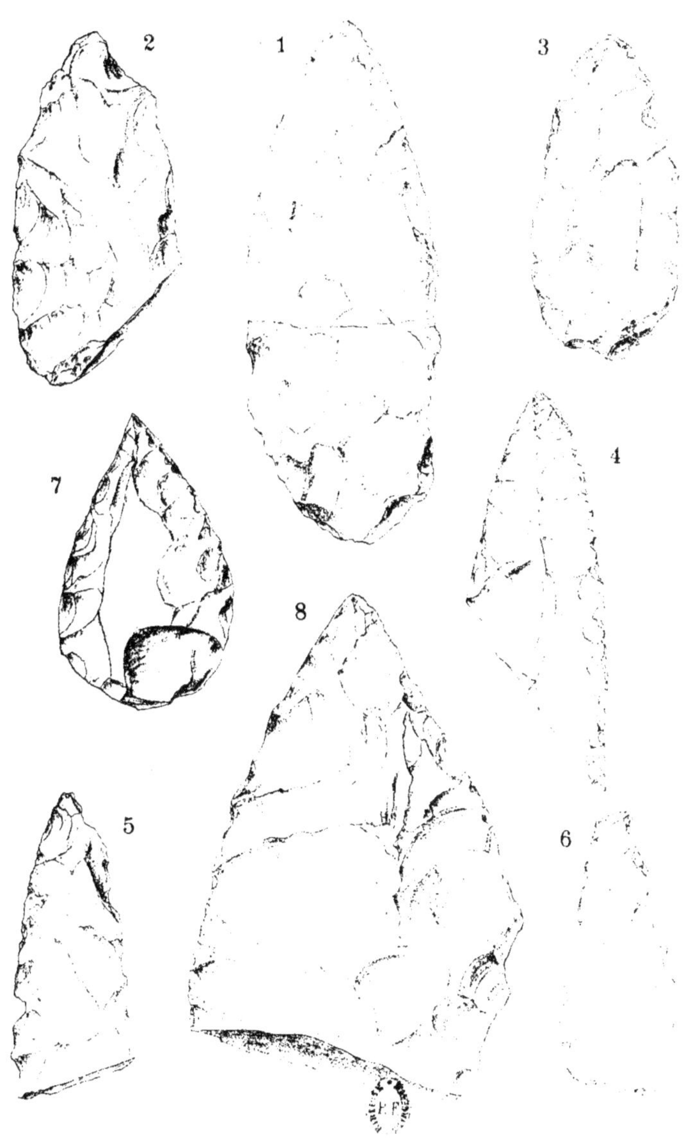

POINTES FOLIACÉES

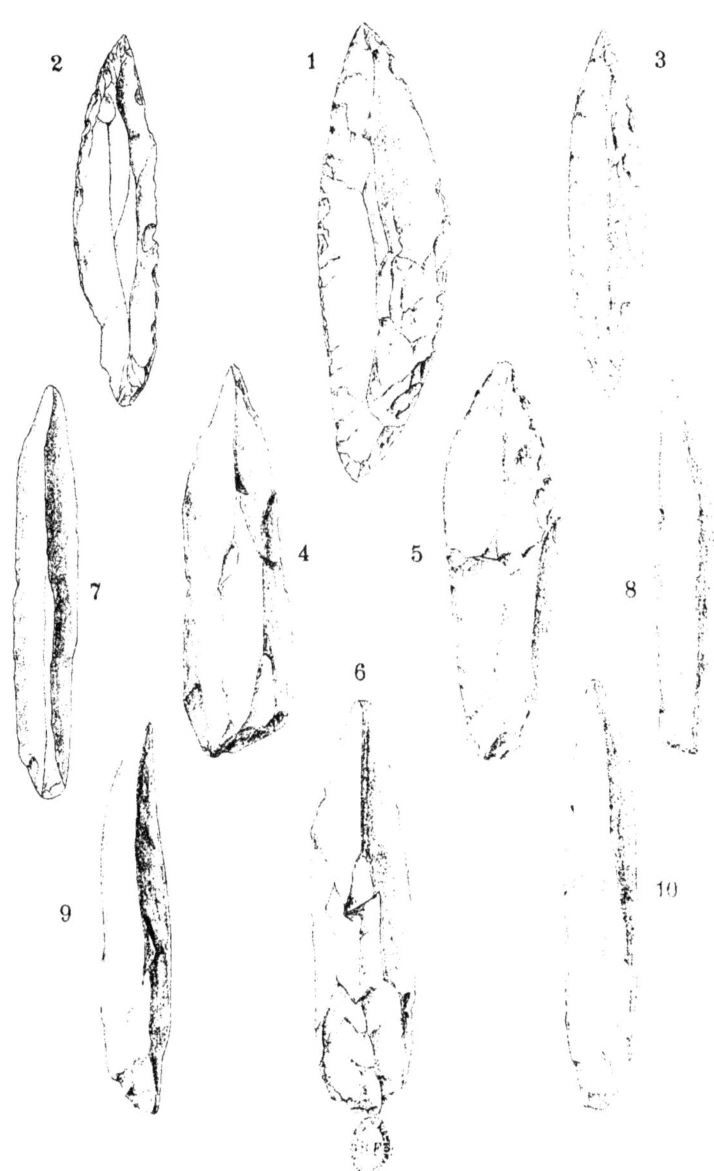

POINTES DIVERSES

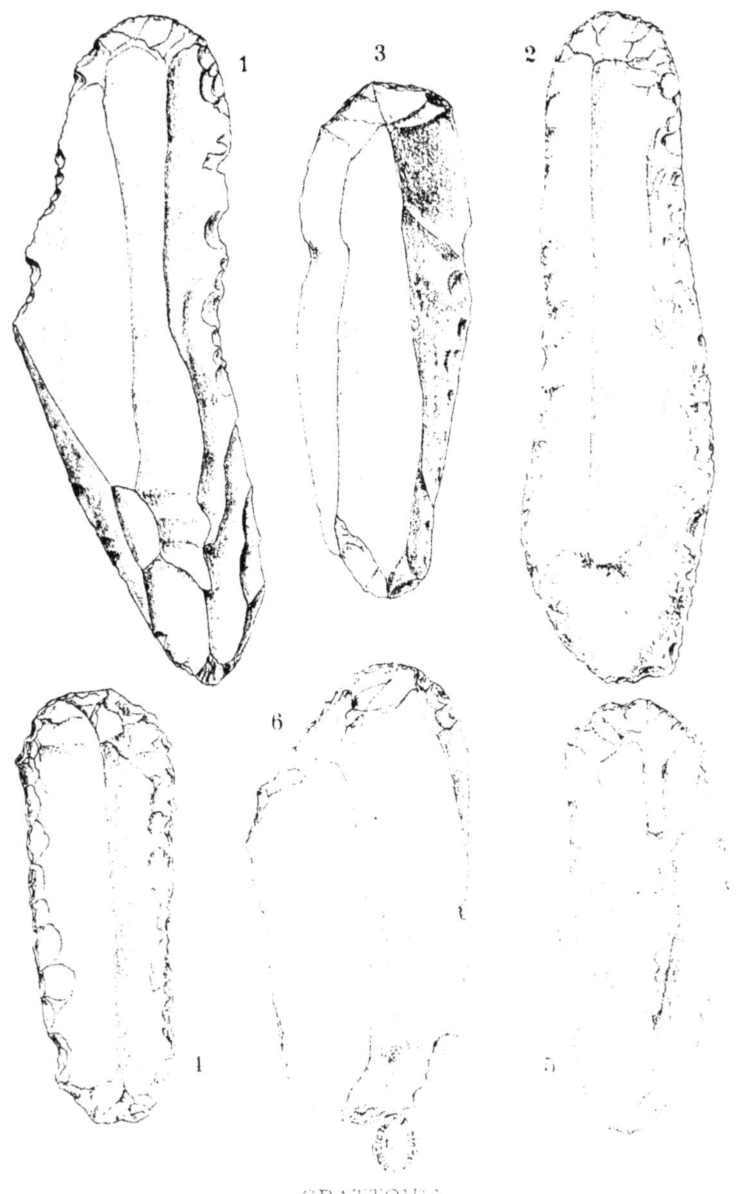

GRATTOIRS

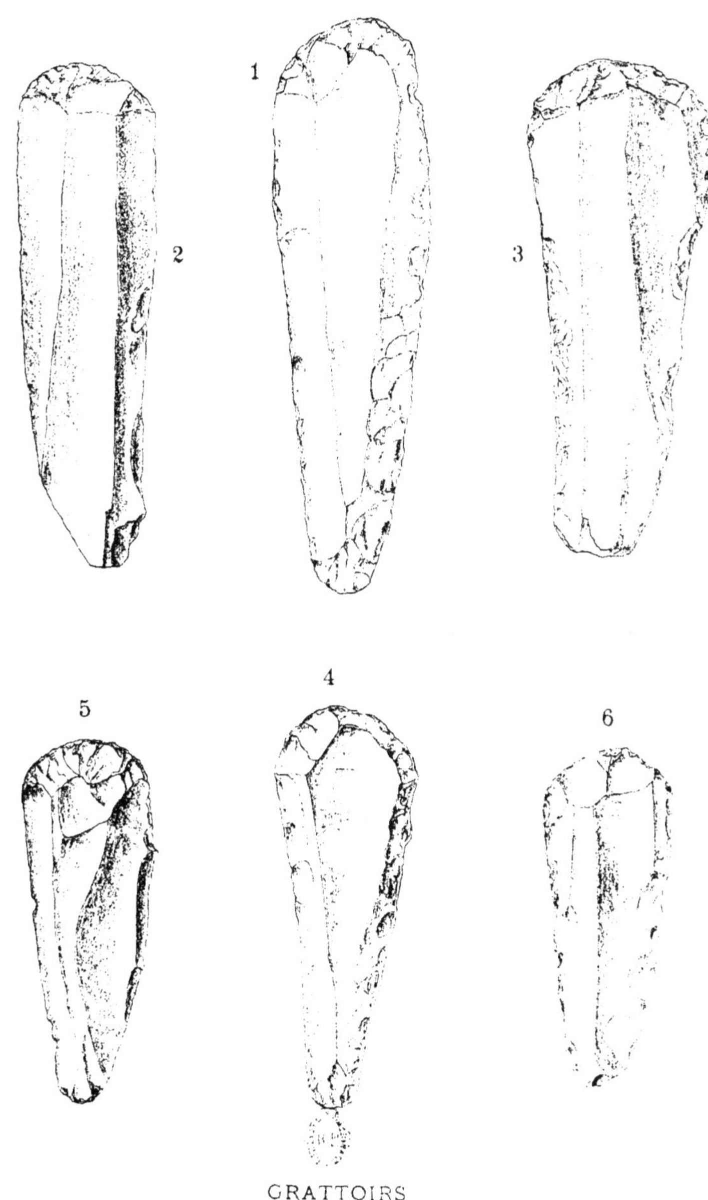

GRATTOIRS

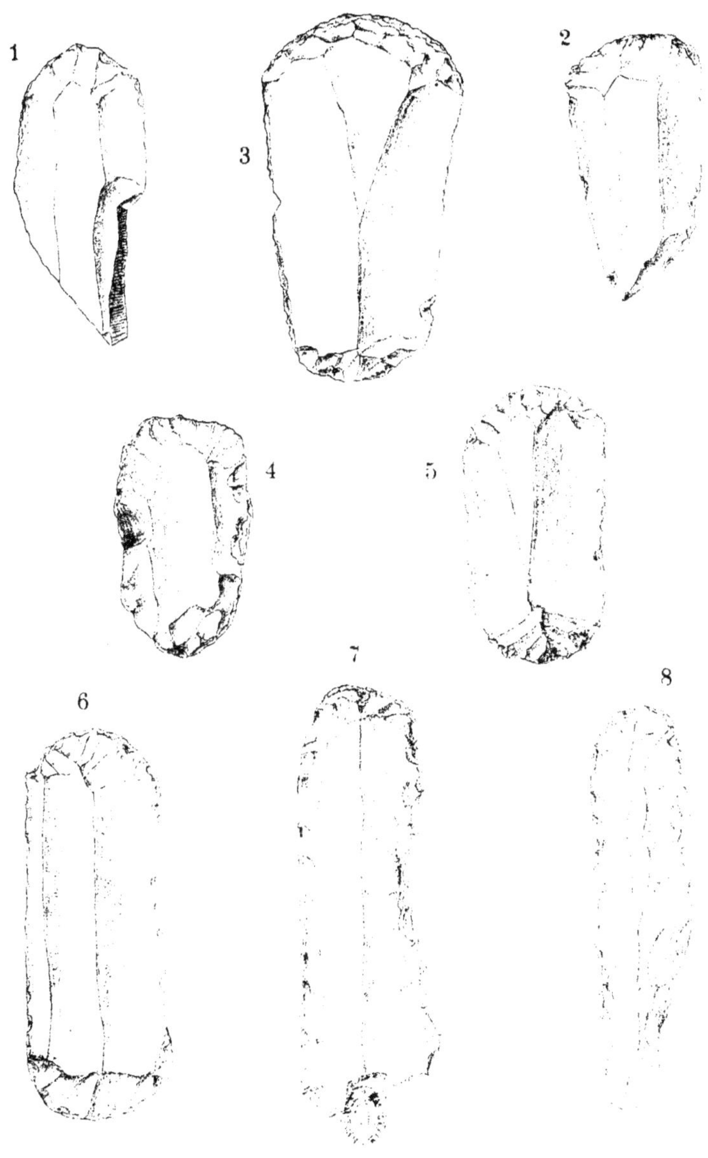

GRATTOIRS

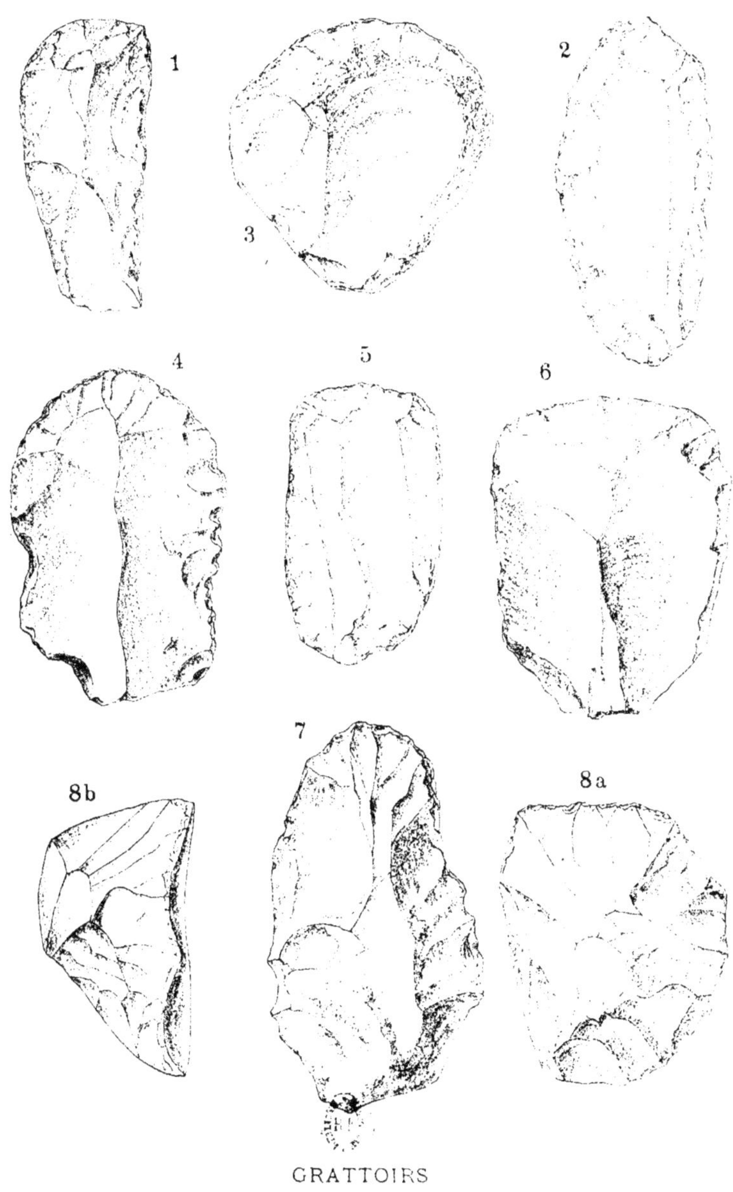

GRATTOIRS

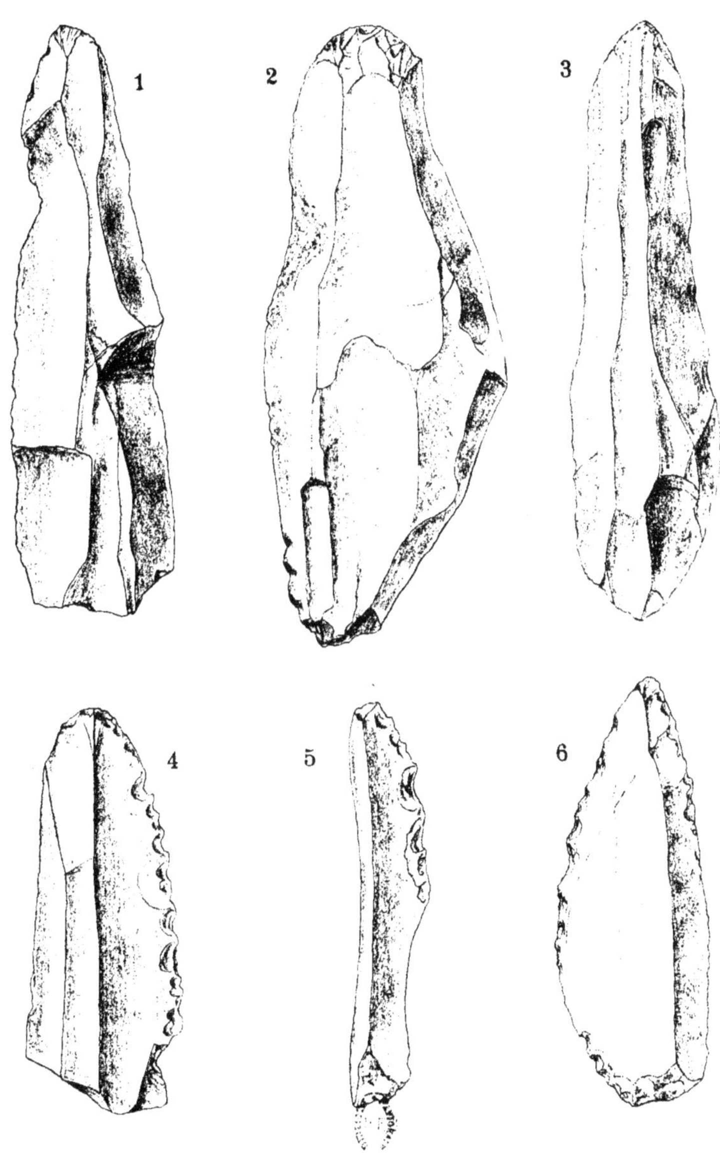

LISSOIRS — SCIES

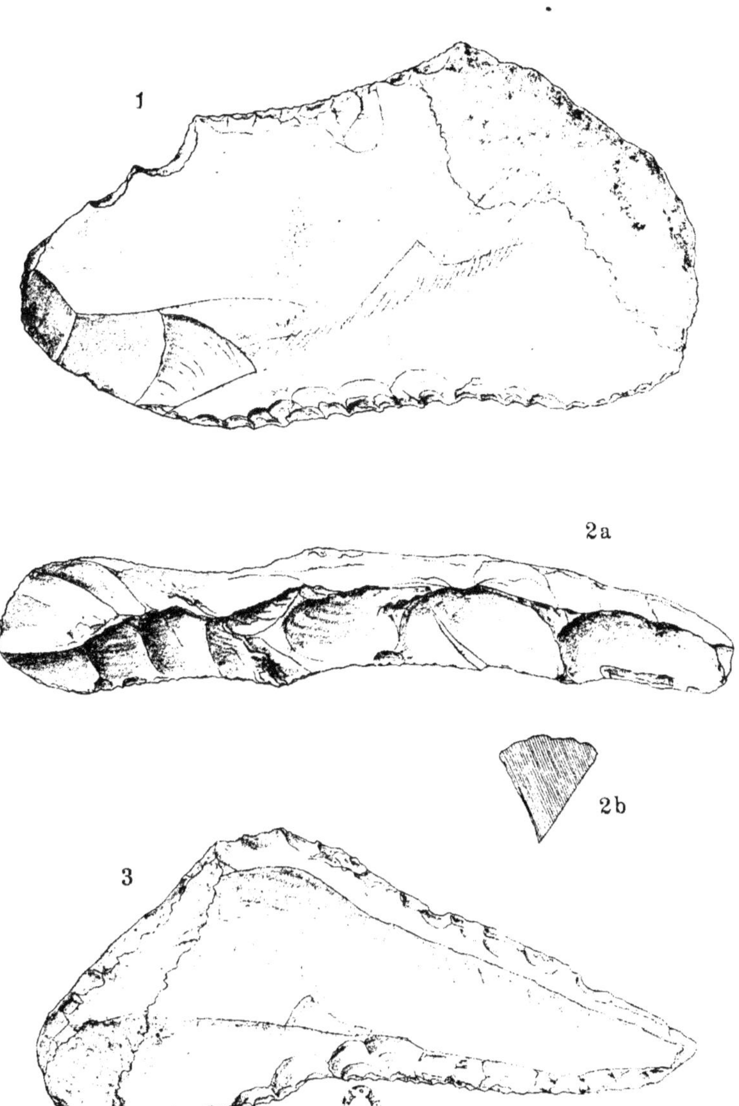

SCIES

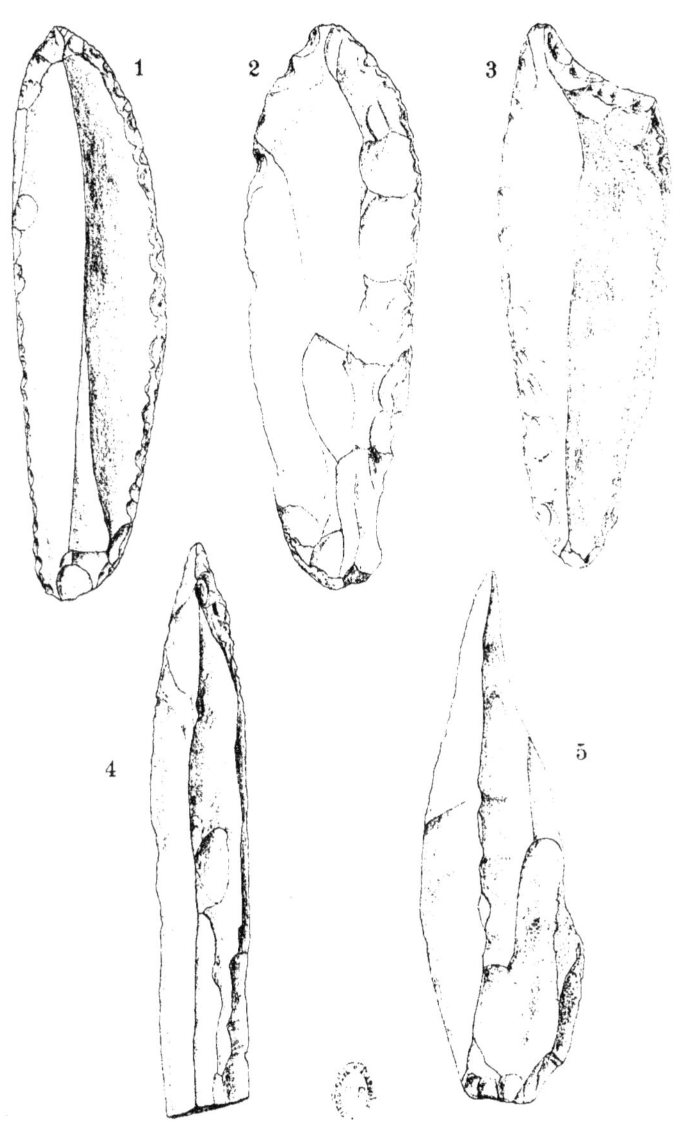

POINÇONS

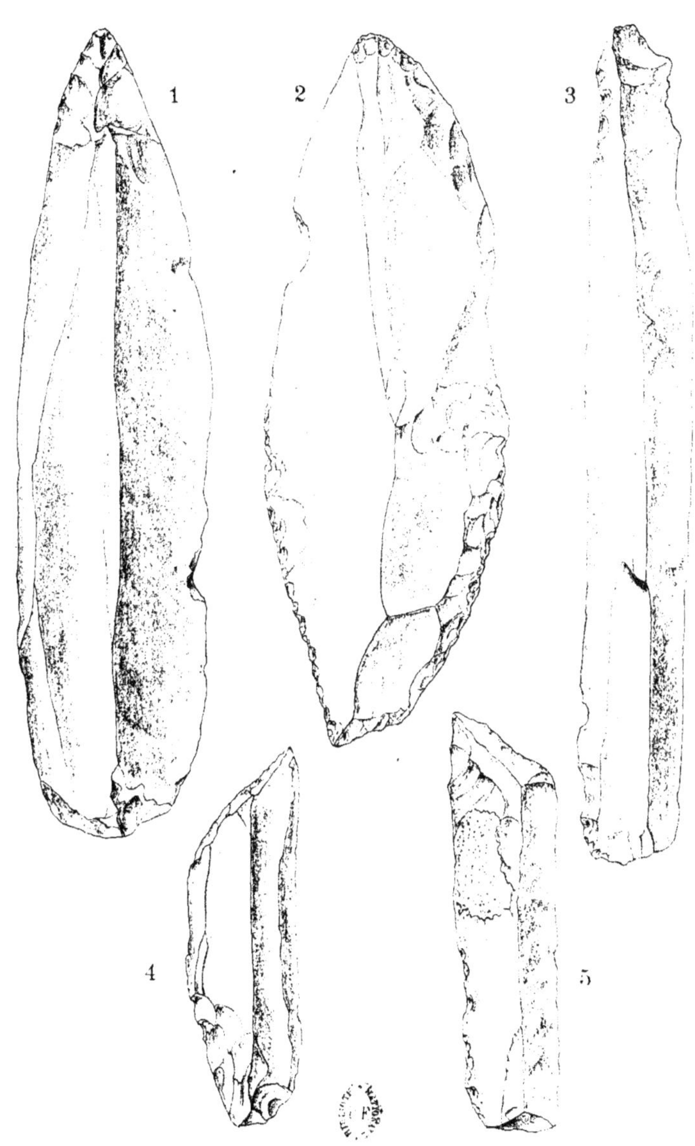

LAMES — BECS

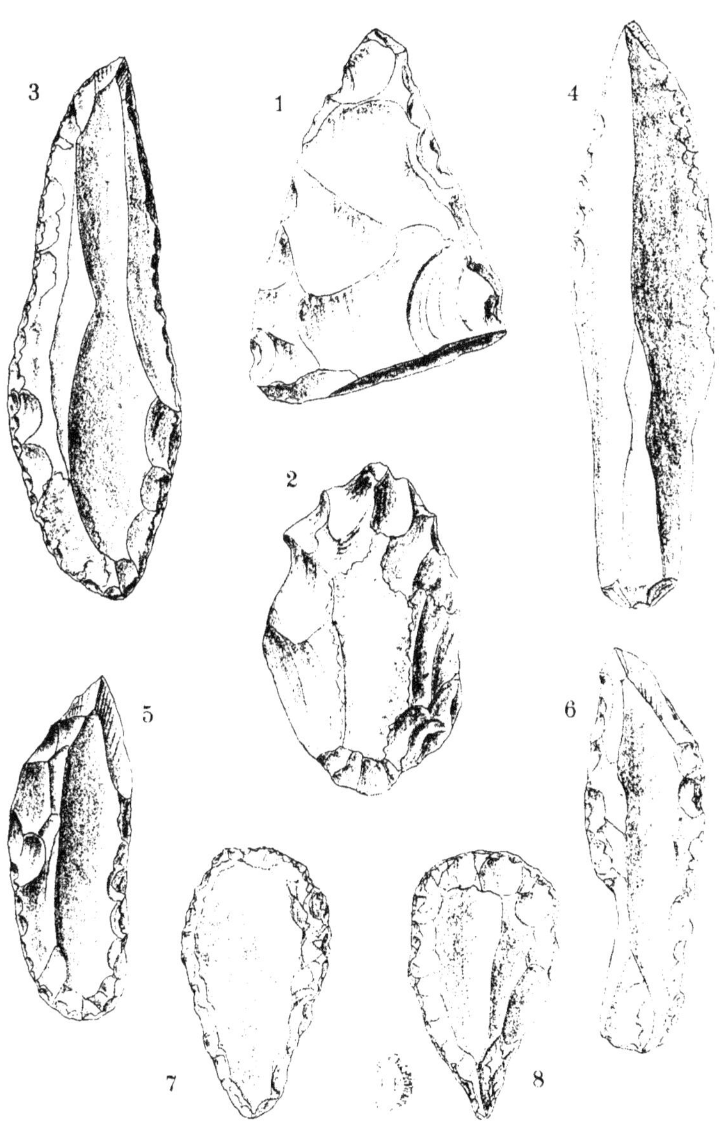

POINTES — BURINS

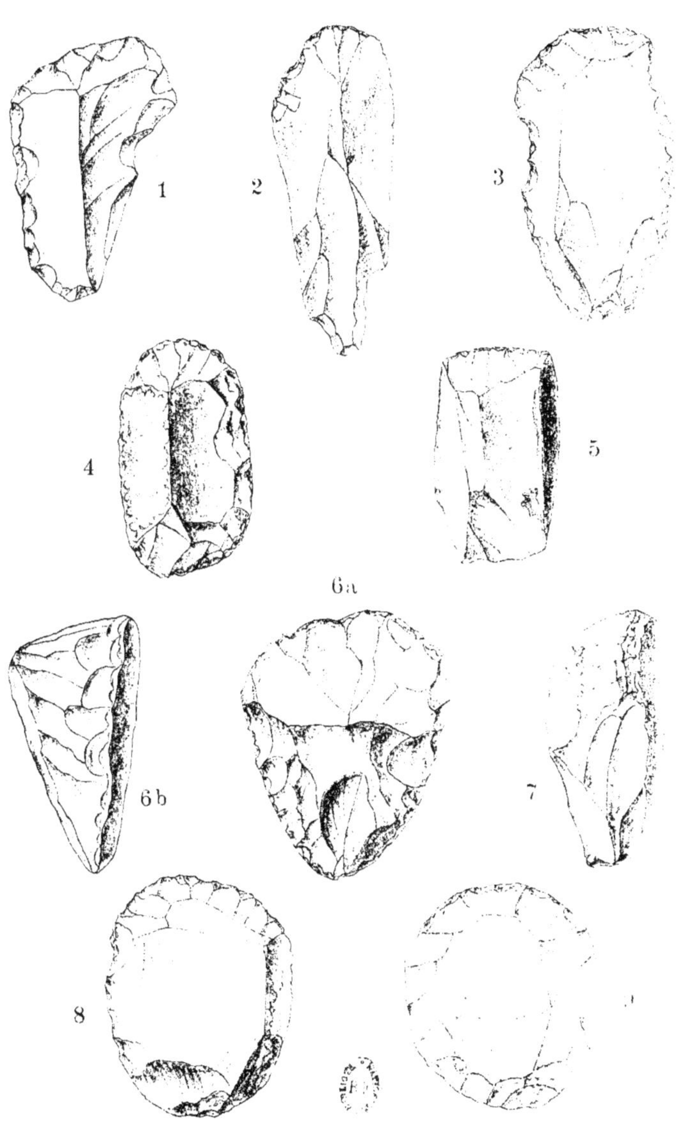

GRATTOIRS

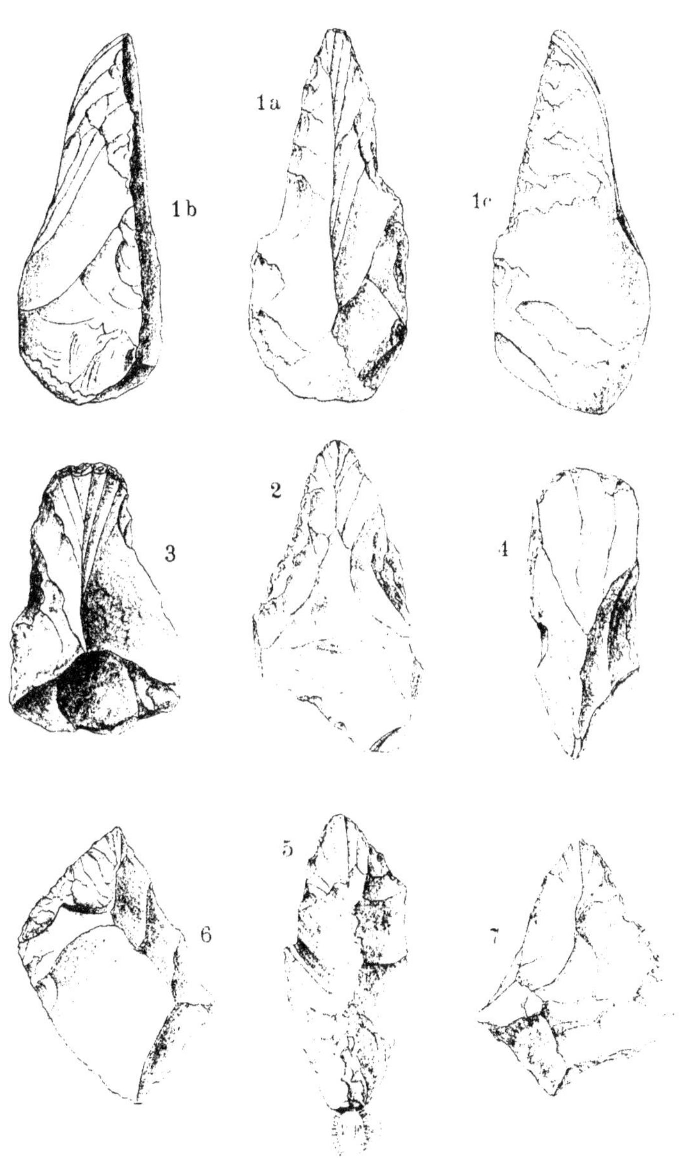

BECS DE CANARD

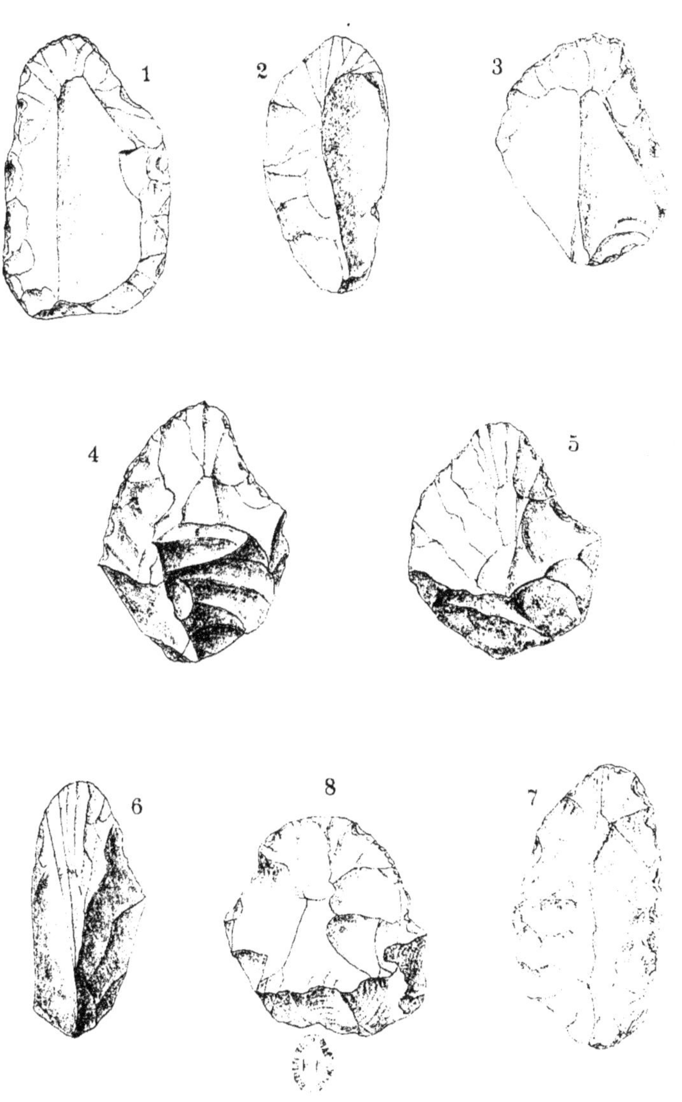

BECS DE CANARD

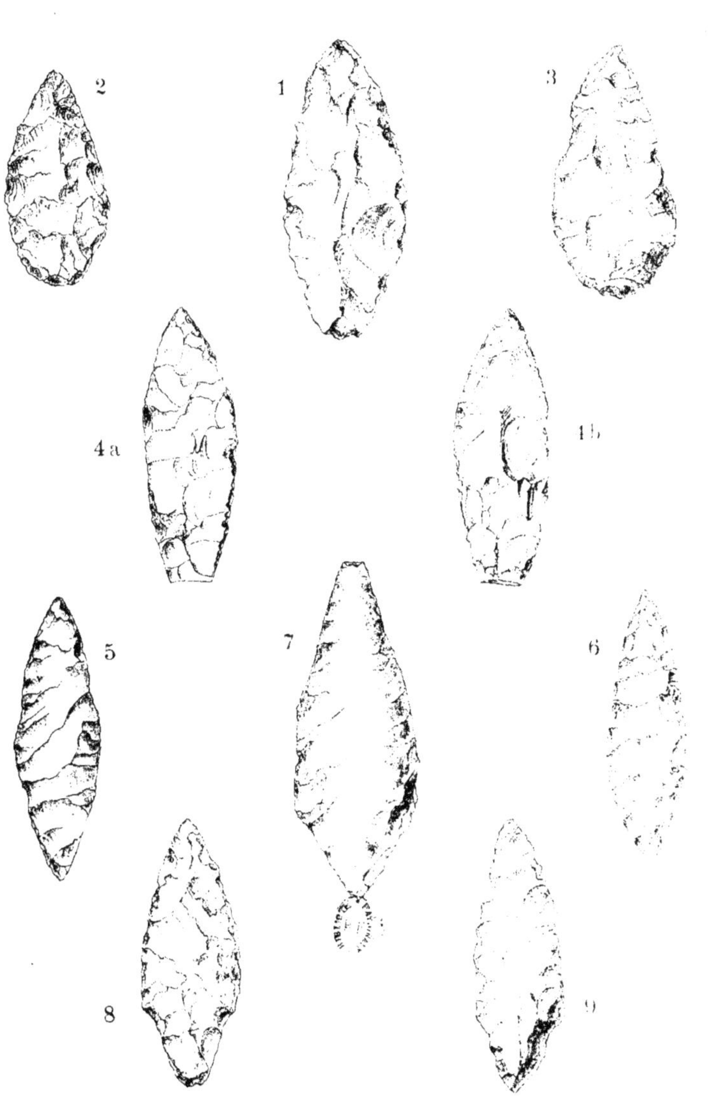

POINTES FOLIACÉES

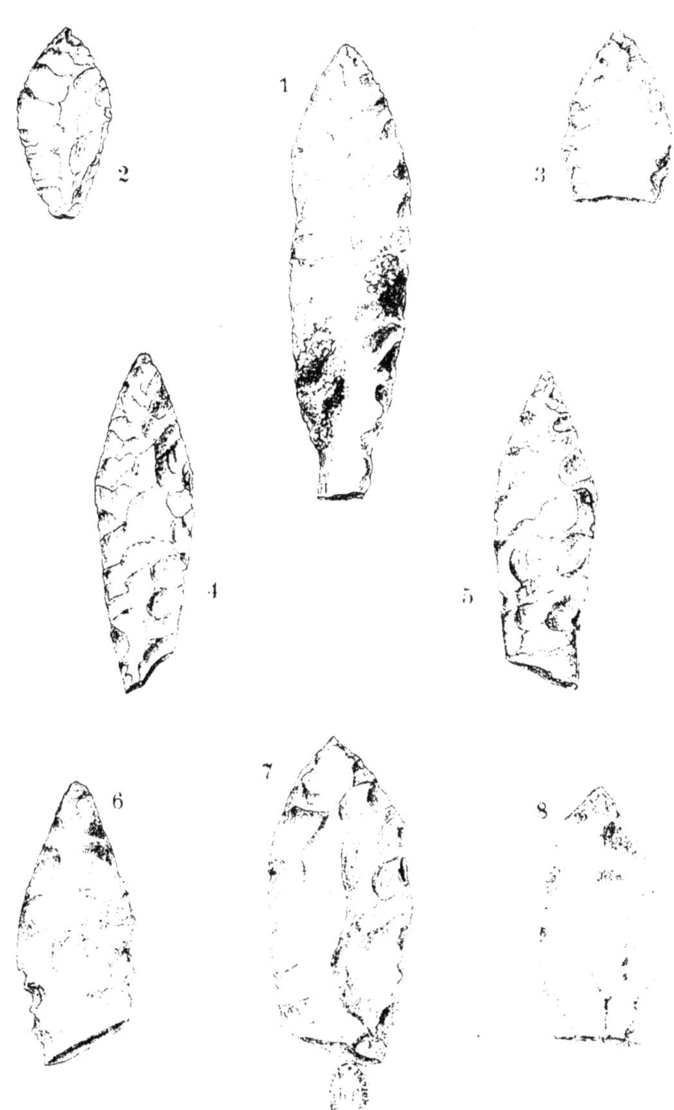

POINTES FOLIACÉES

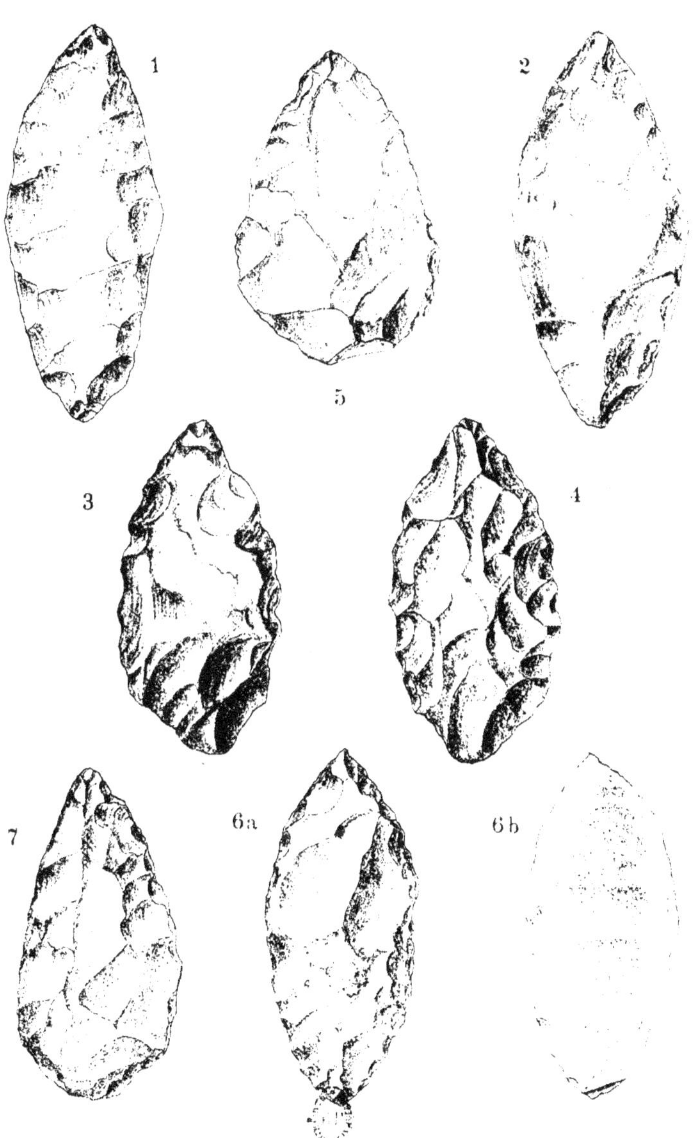

POINTES FOLIACÉES

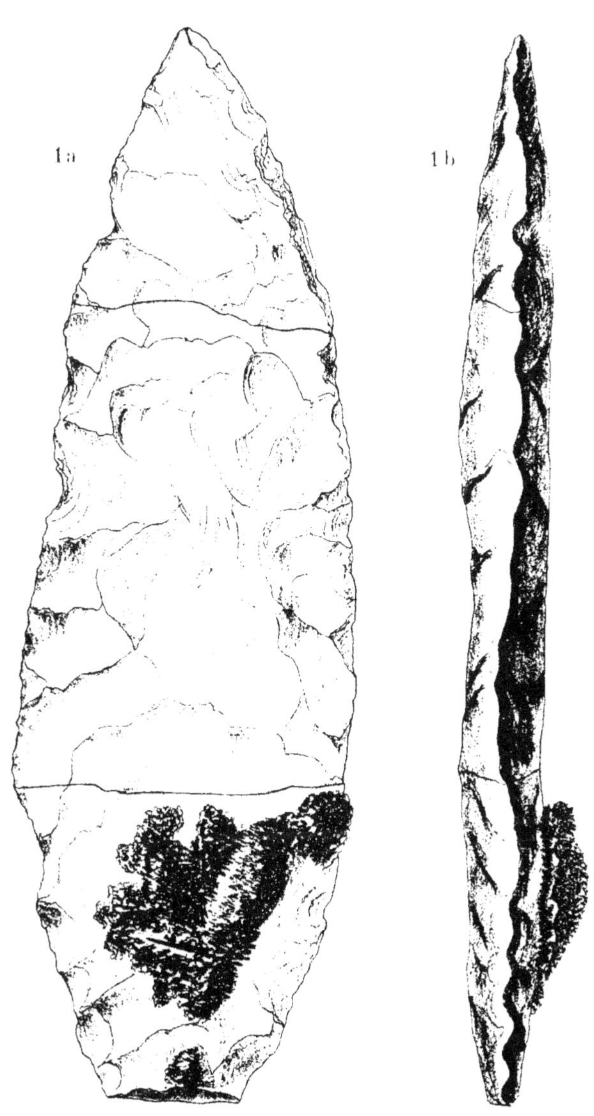

POINTE FOLIACÉE

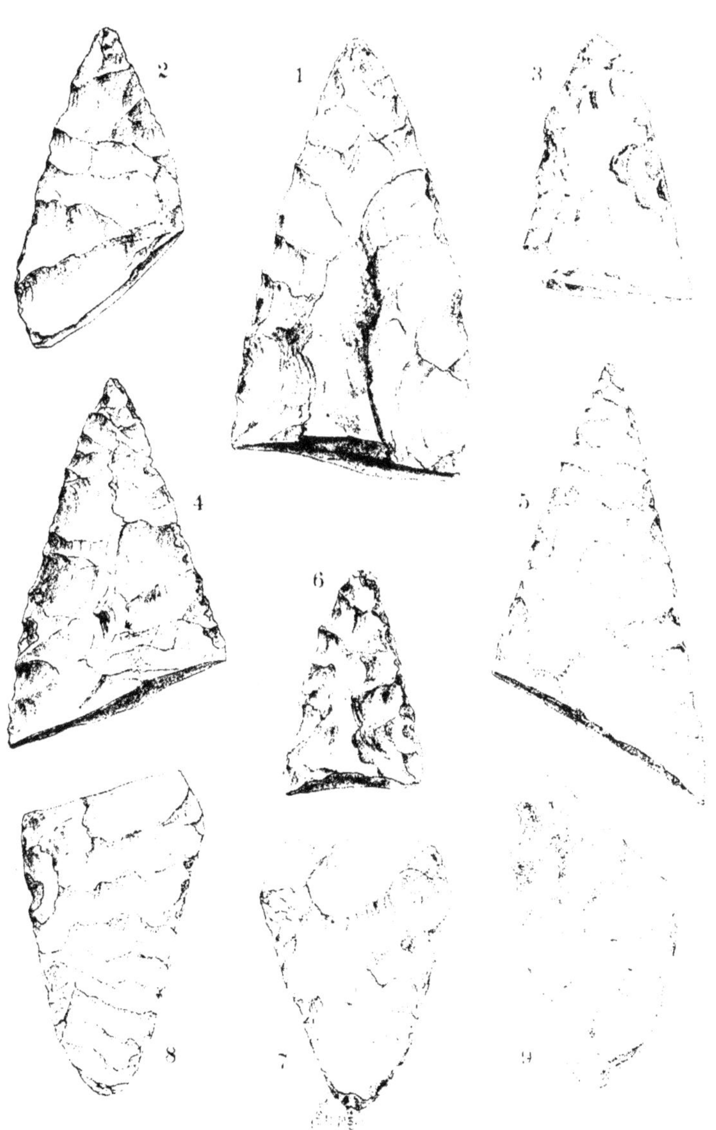

POINTES FOLIACÉES

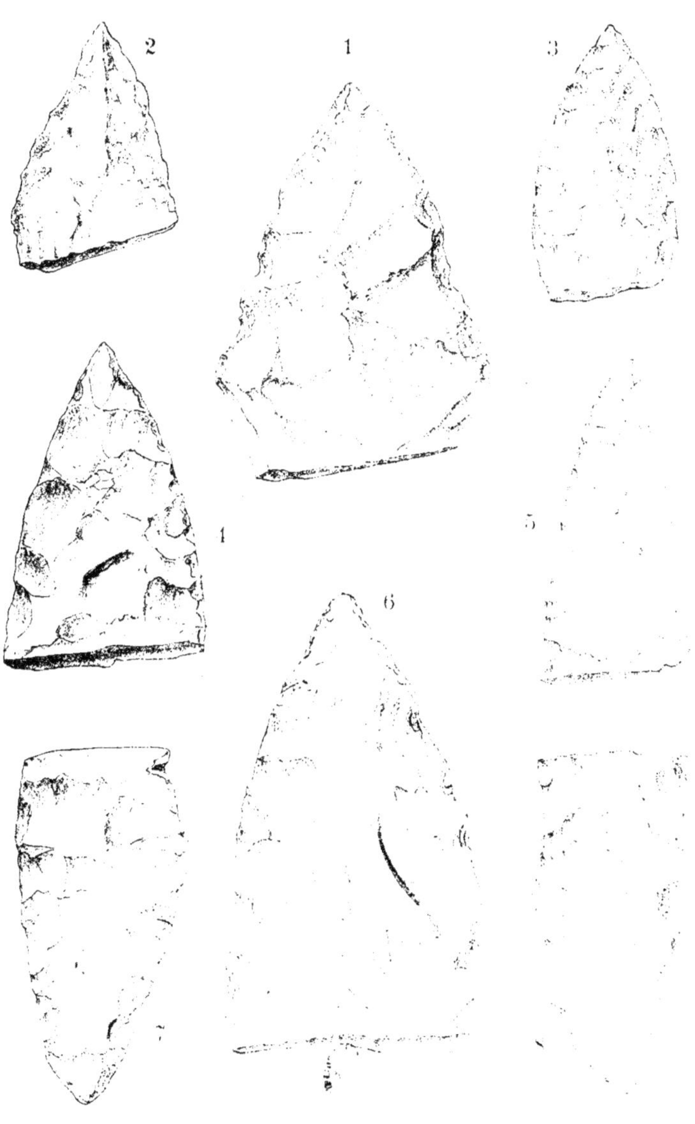

POINTES FOLIACÉES

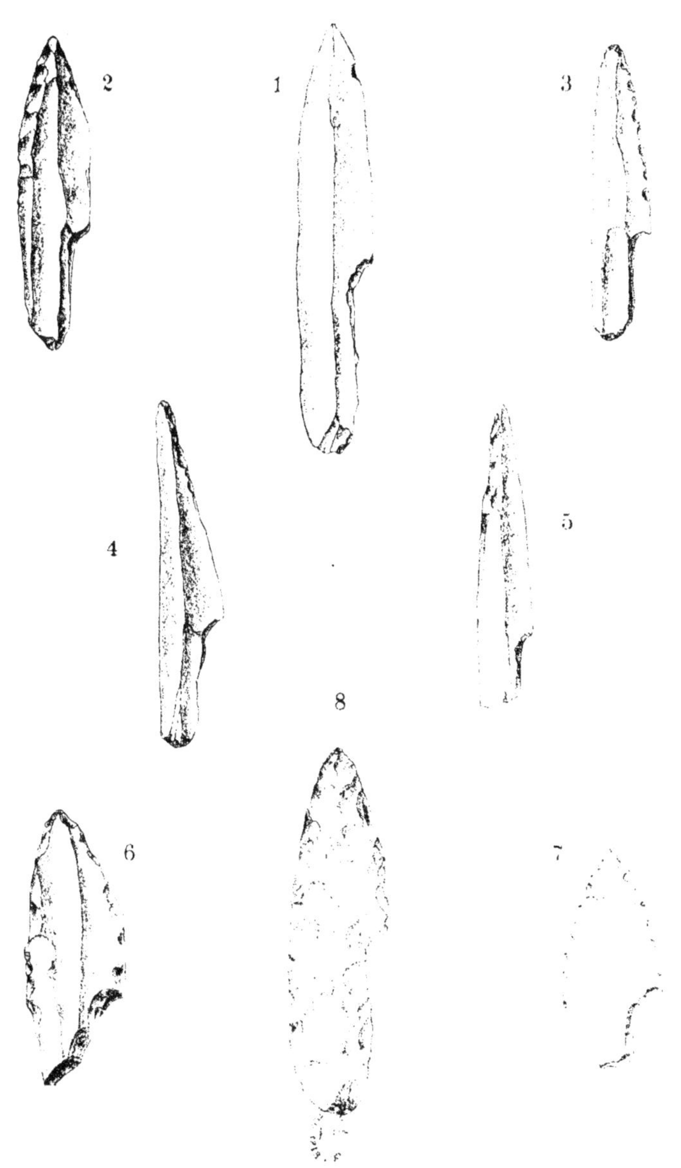

POINTES A CRAN

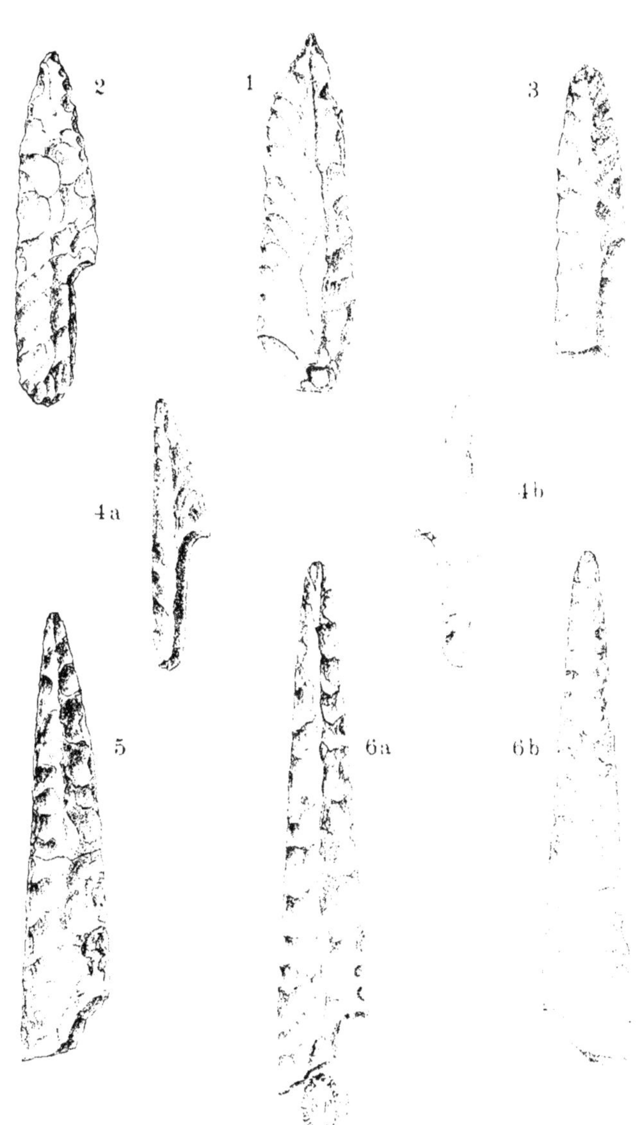

POINTES A CRAN

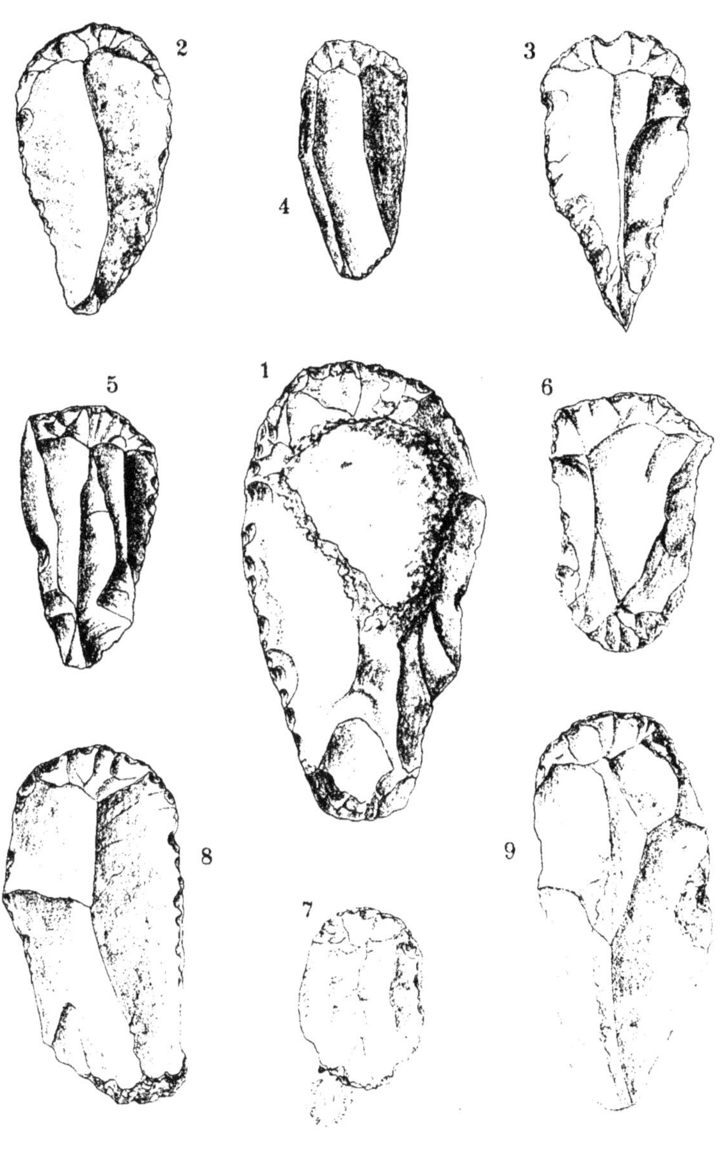

GRATTOIRS

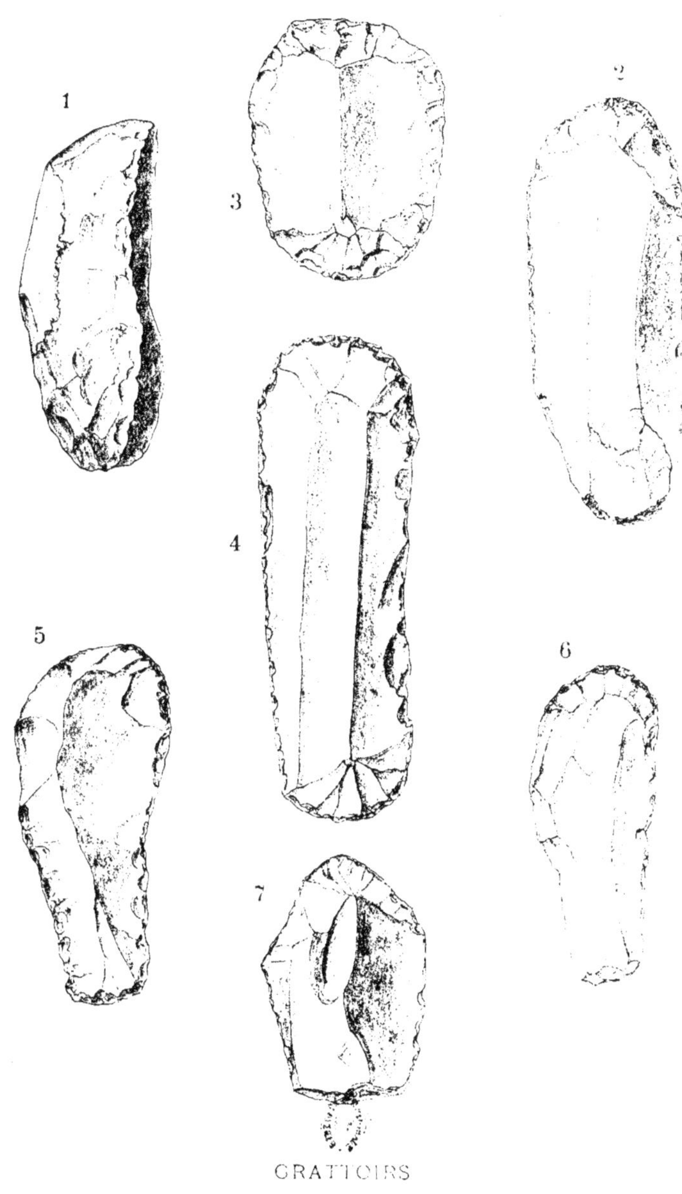

GRATTOIRS

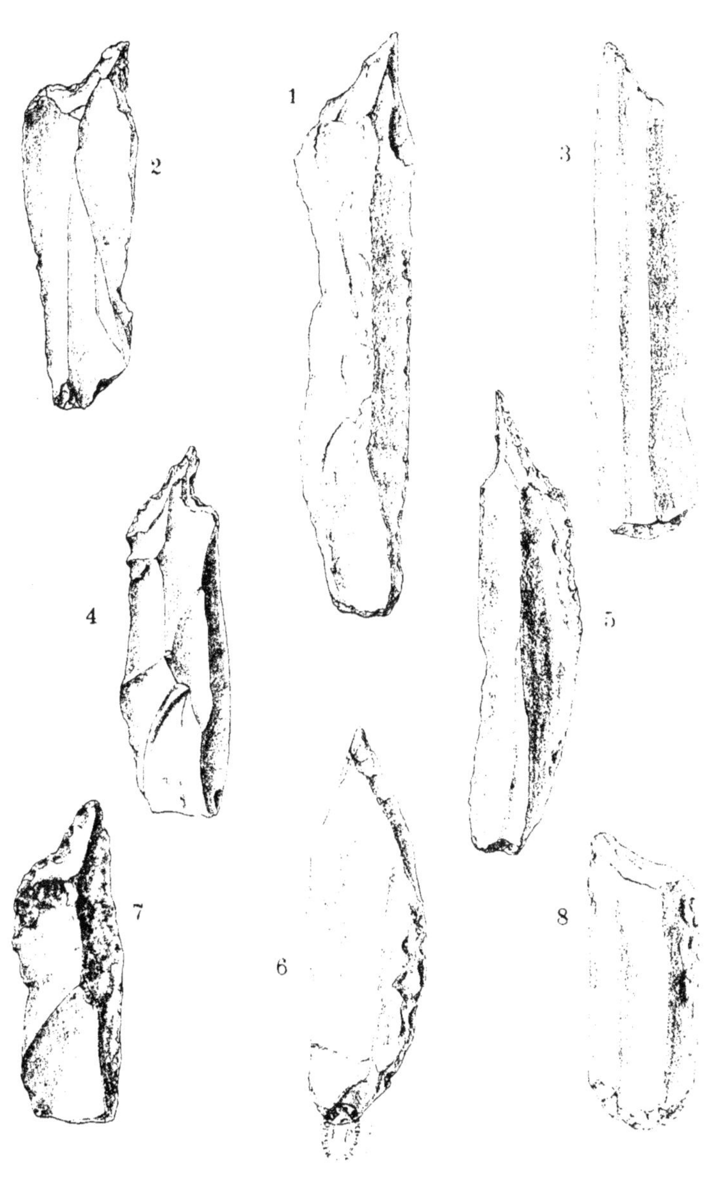

POINÇONS

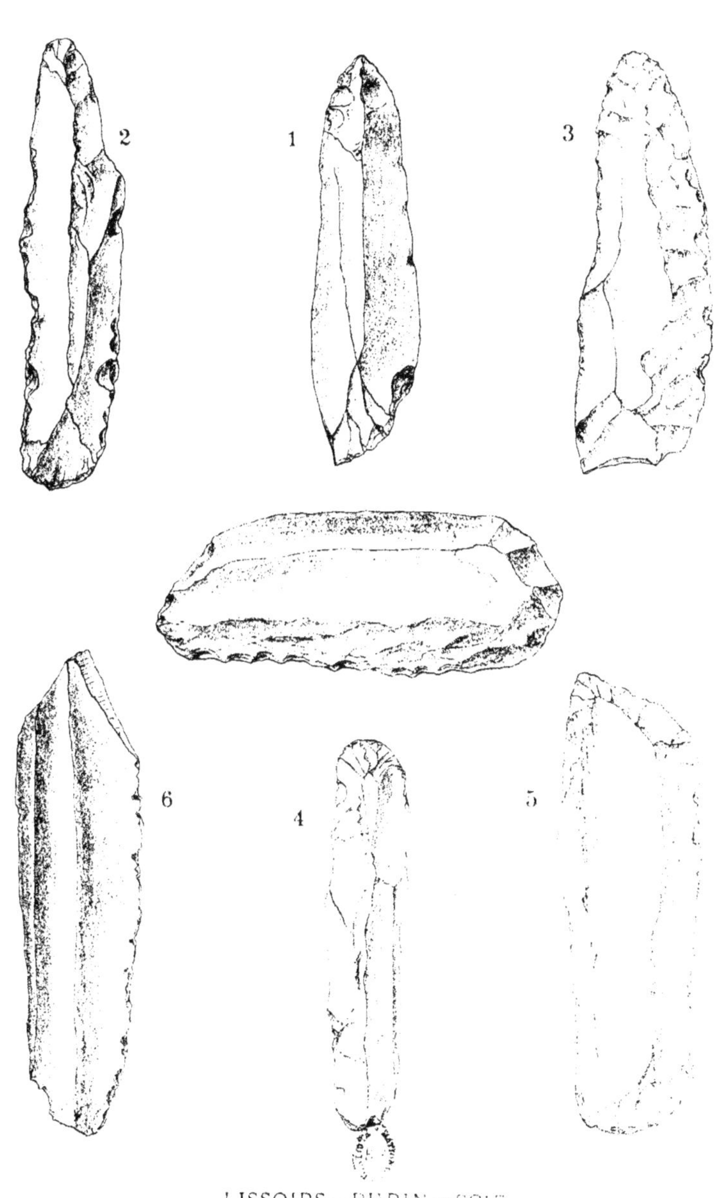

LISSOIRS — BURIN — SCIE

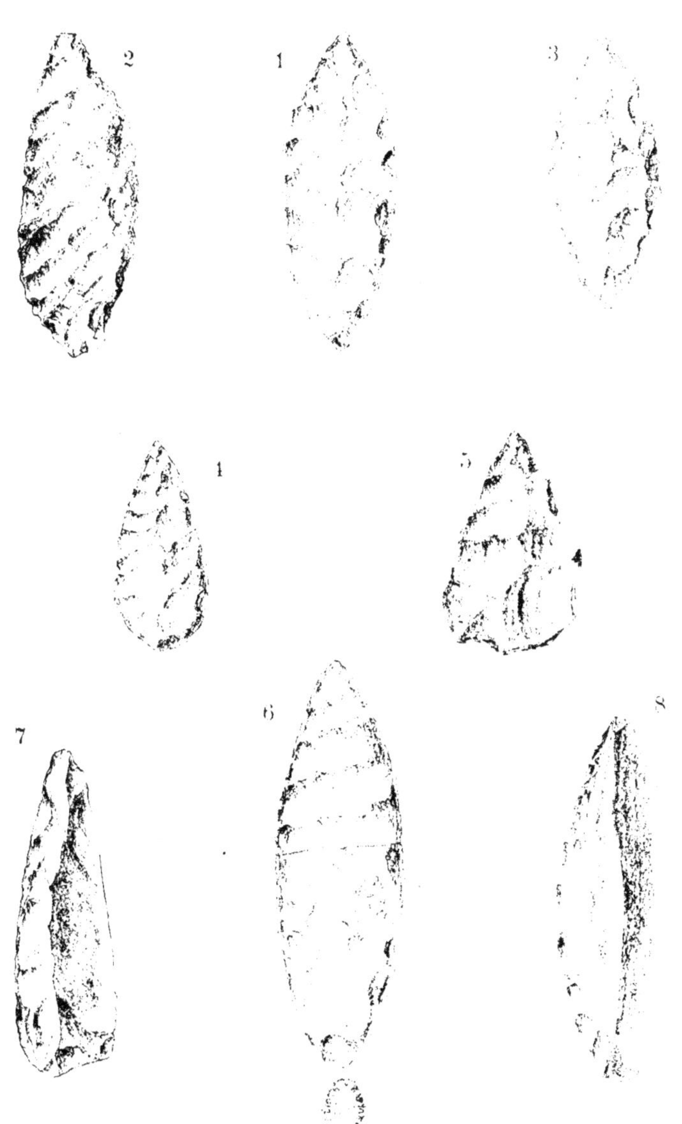

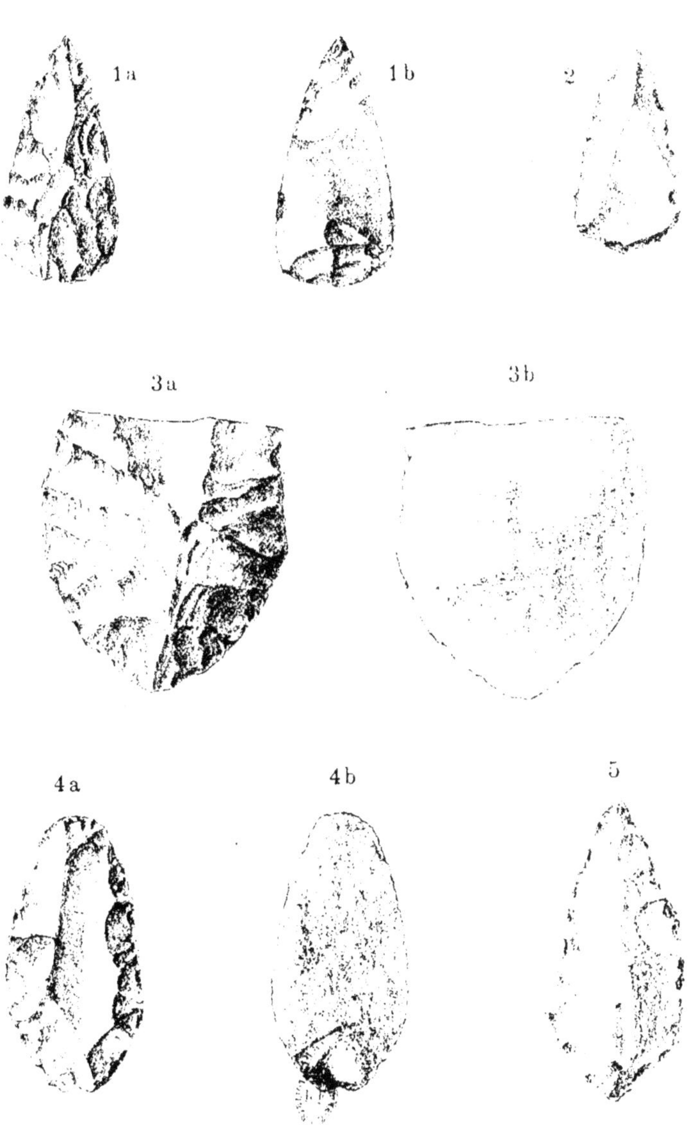

POINTES A FACE PLANE

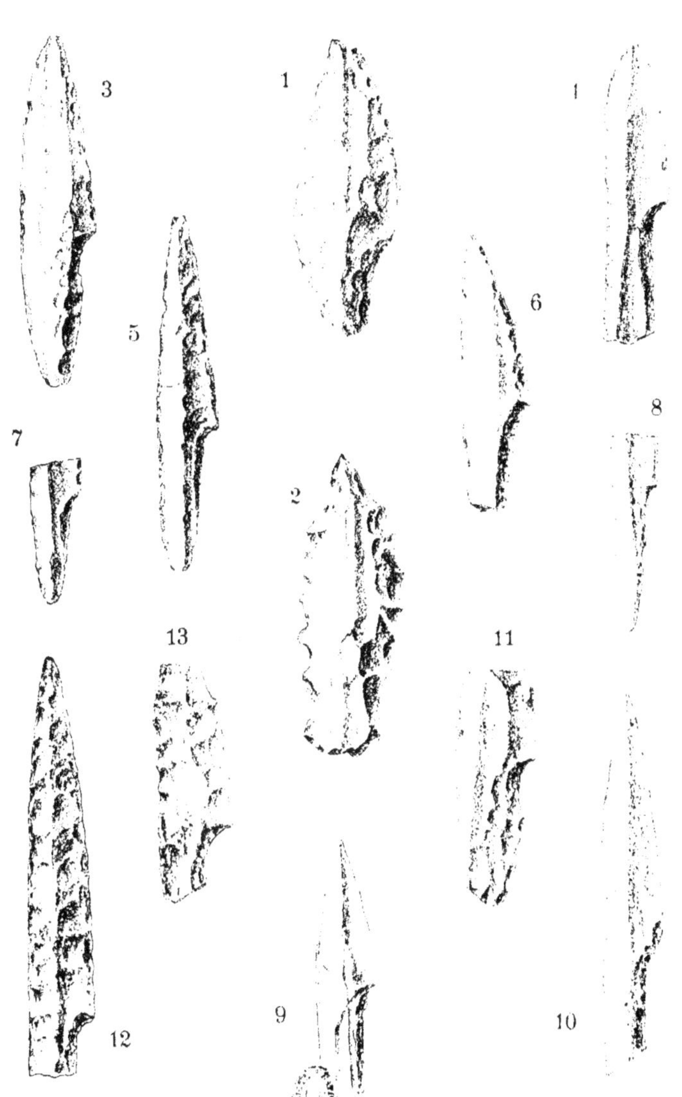

POINTES A CRAN

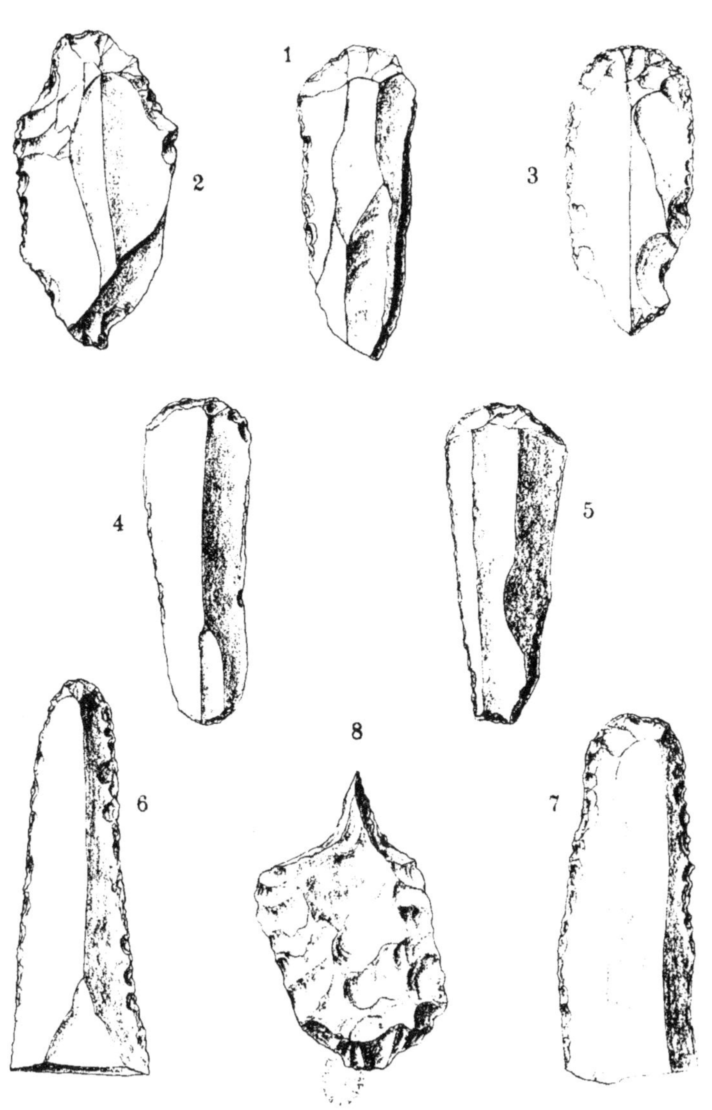

GRATTOIRS

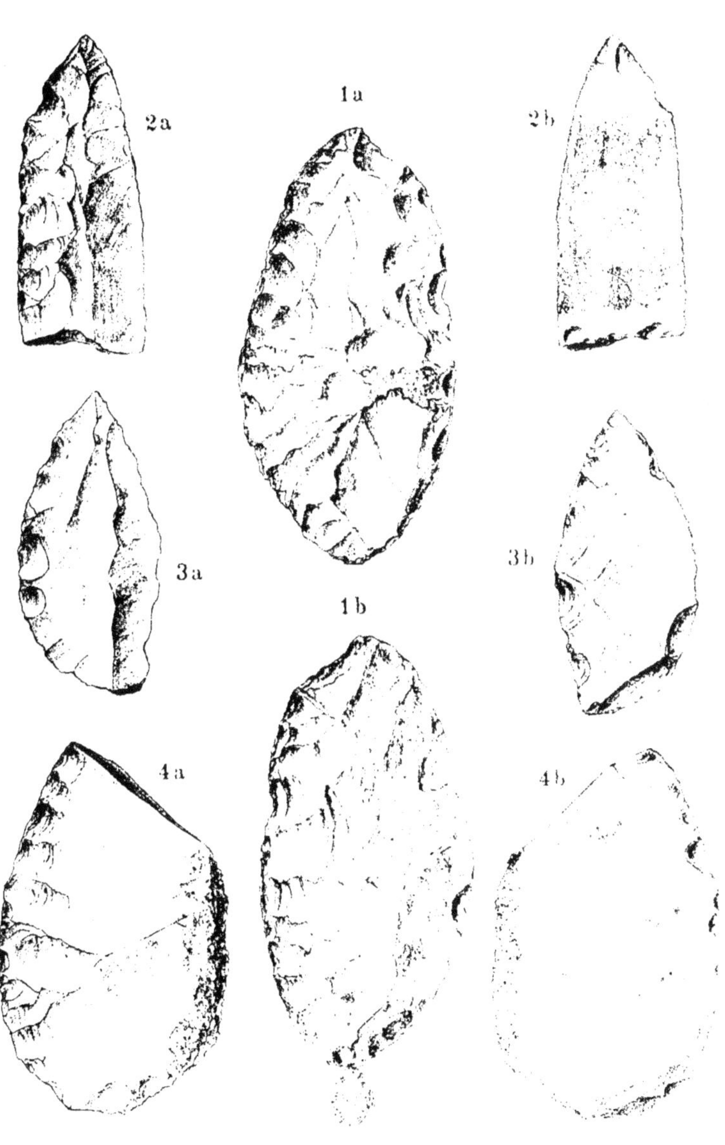

POINTES FOLIACÉES

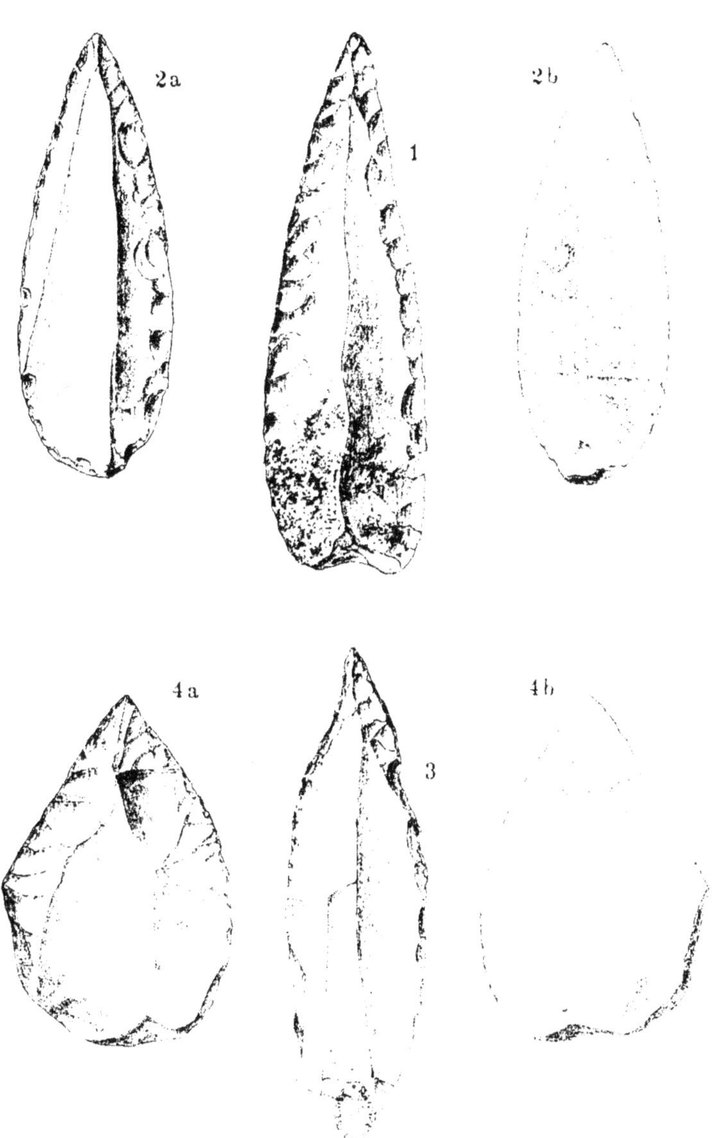

POINTES A FACE PLANE

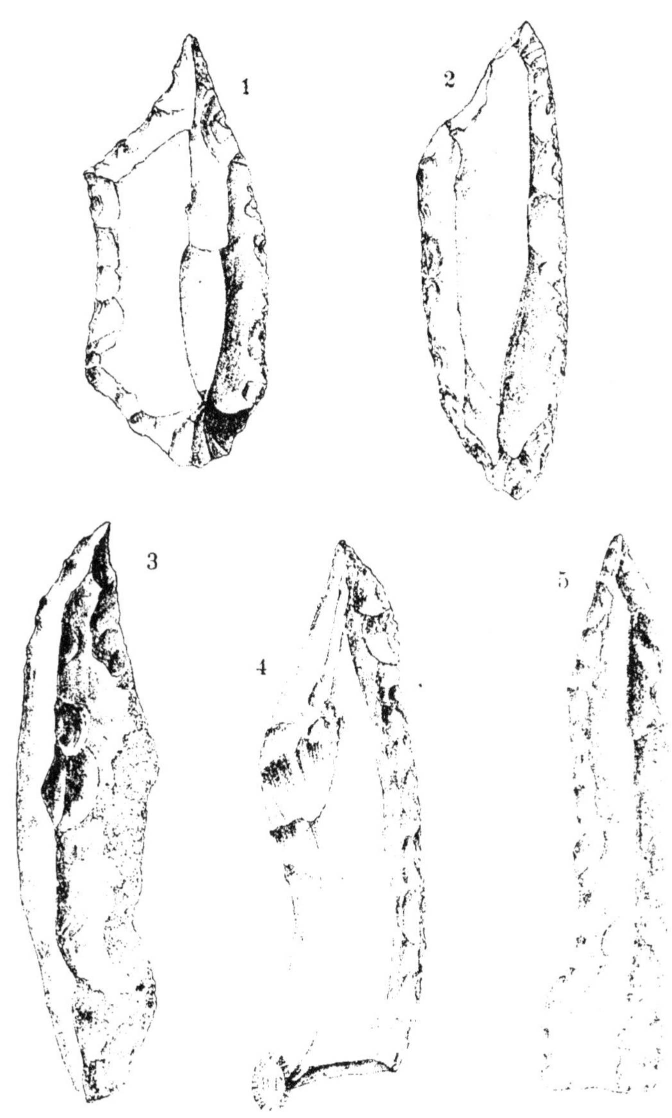

PERÇOIRS

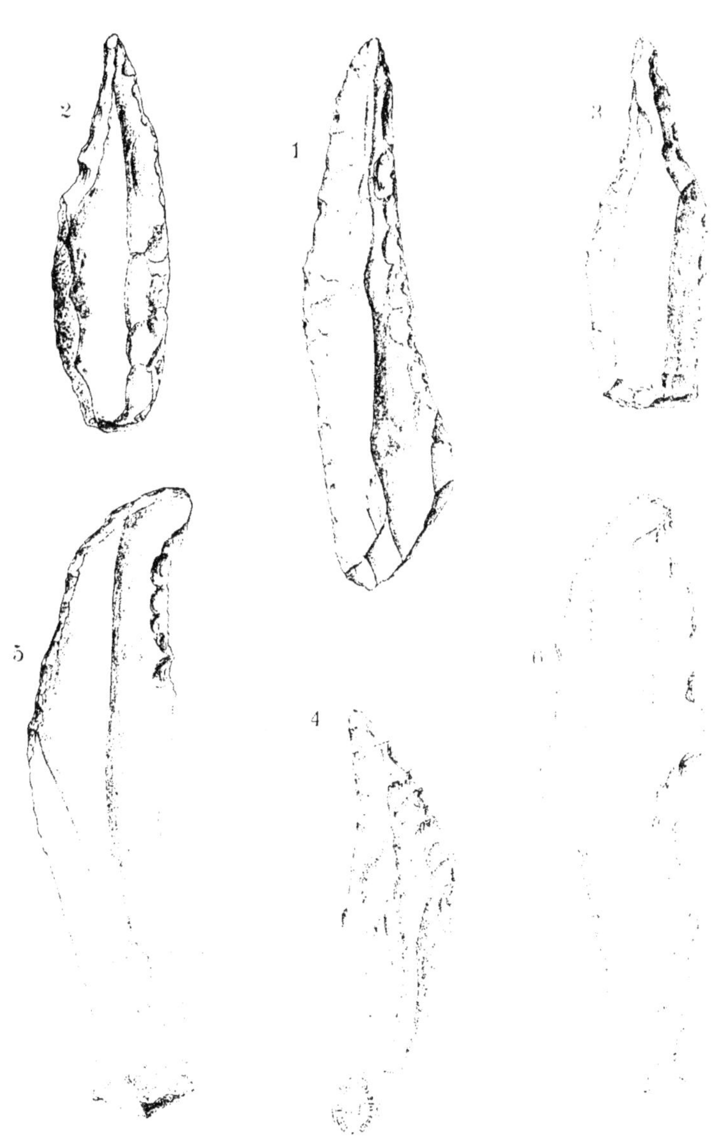

PERIGORD

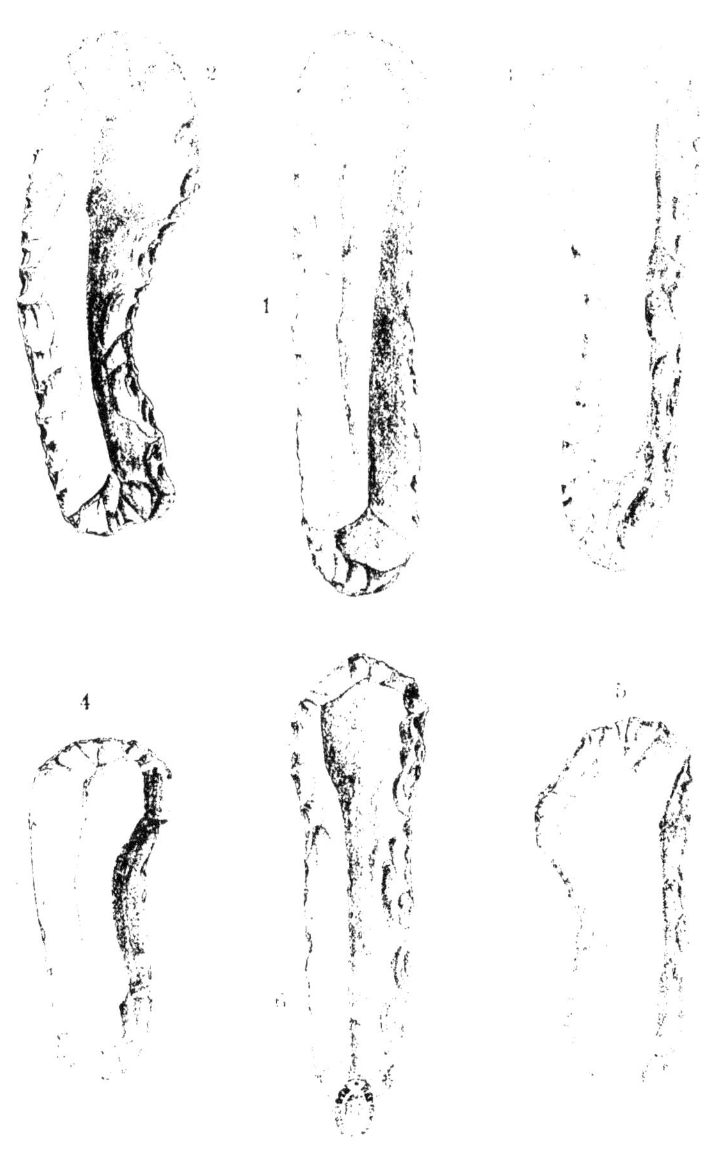

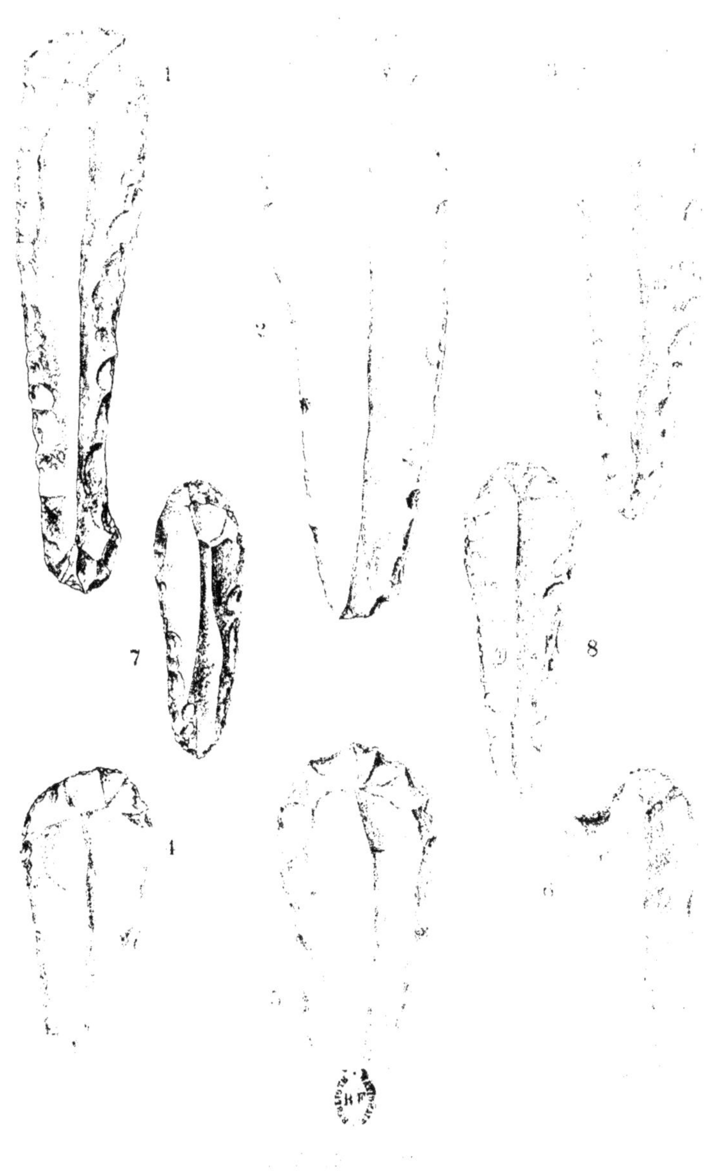

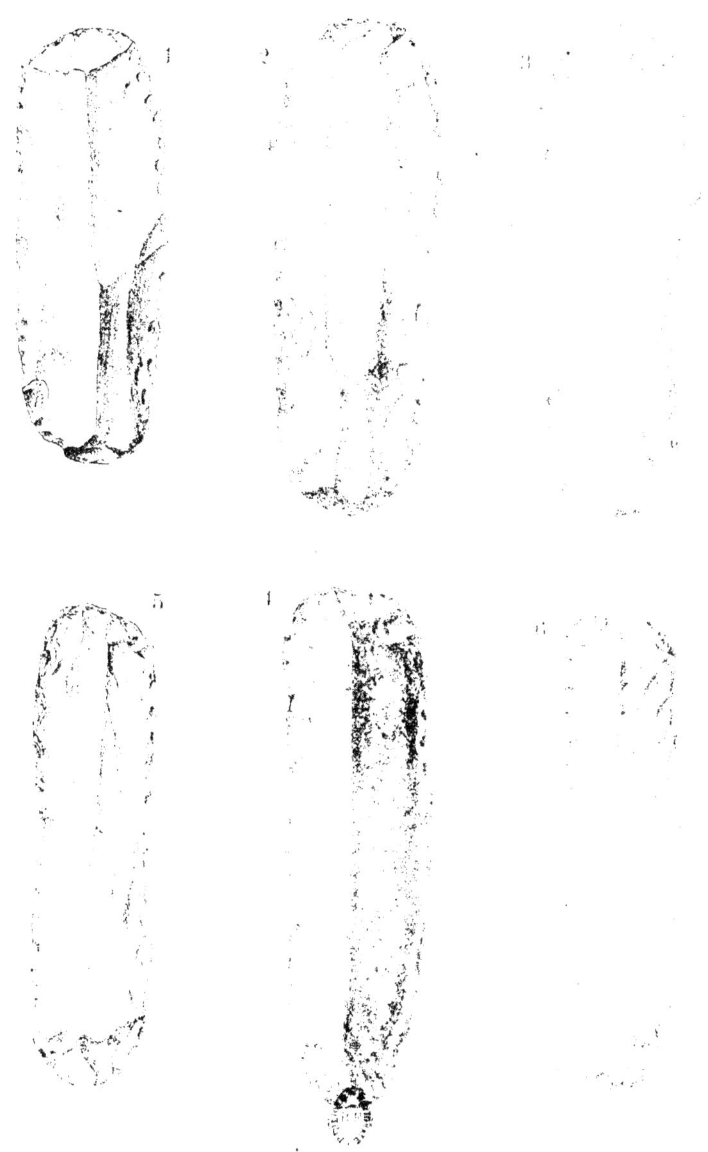

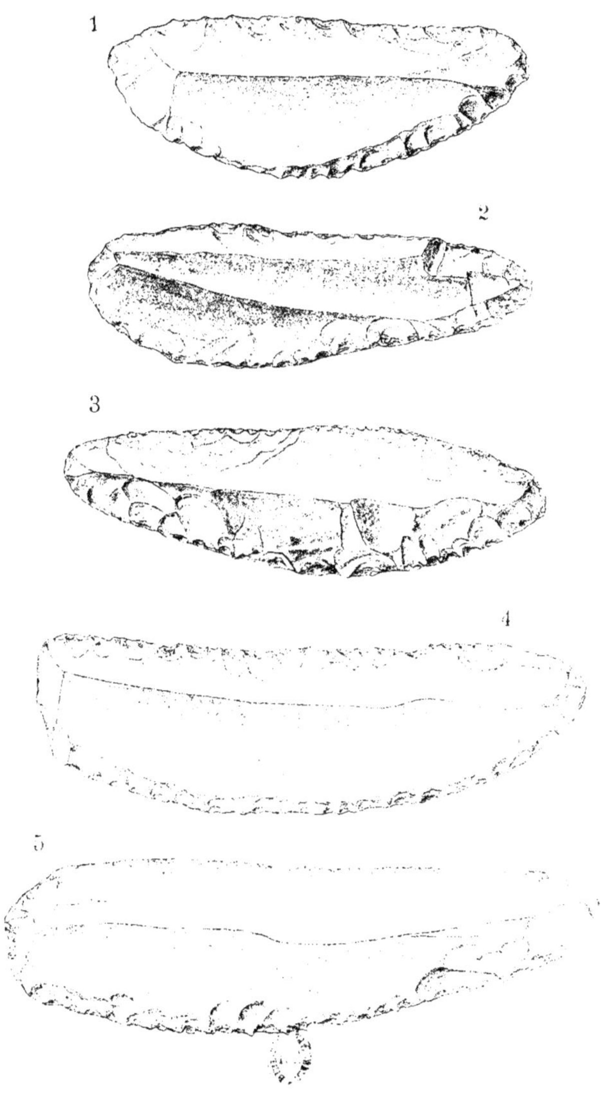

SCIES

SCIFS

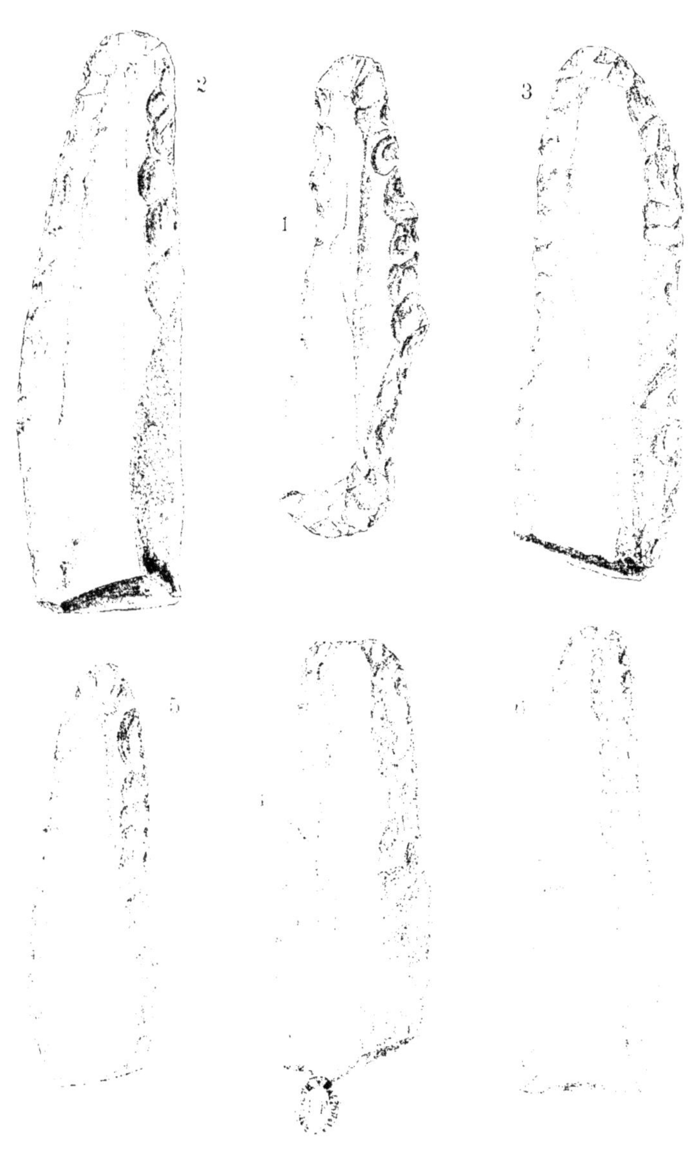

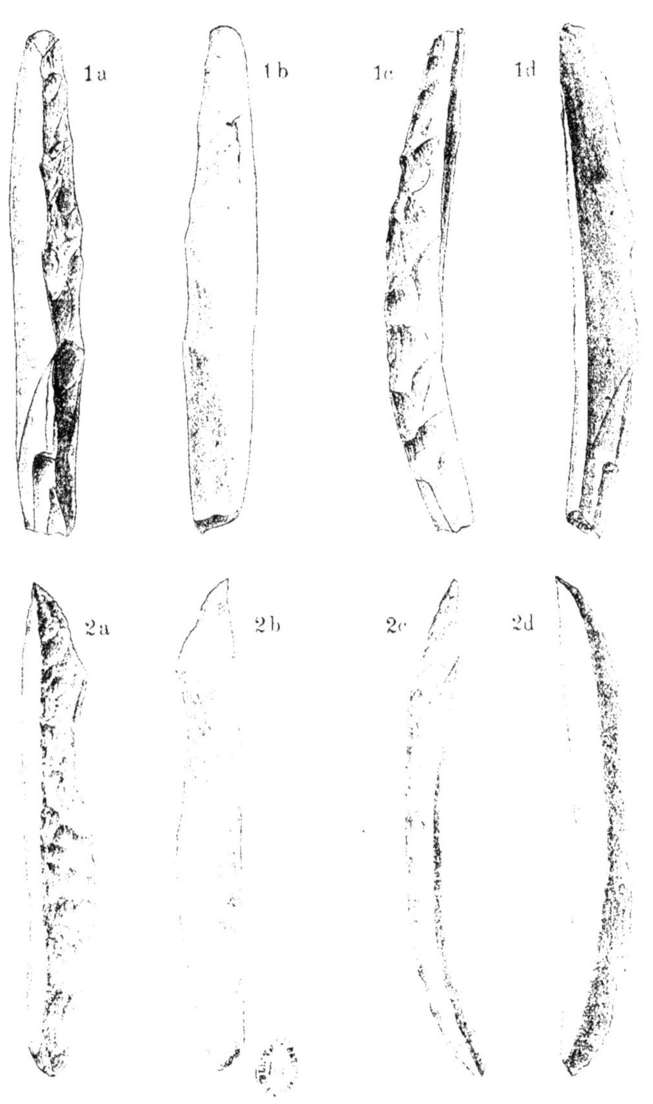

LAMES TRIANGULAIRES

LAMES SIMPLES

LAMES

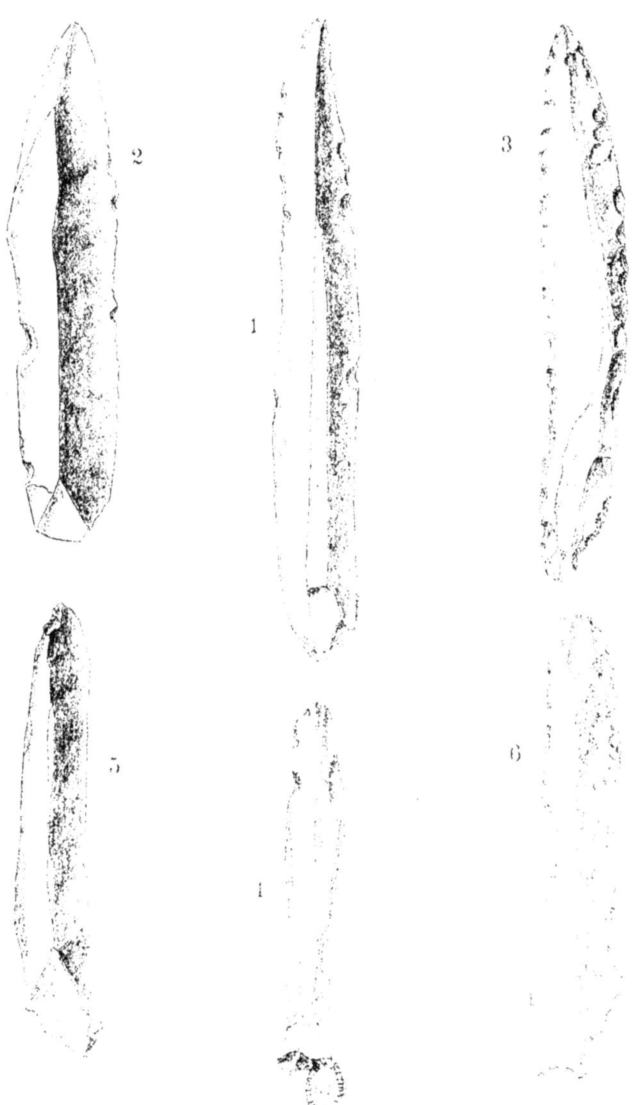

LAMES SIMPLES

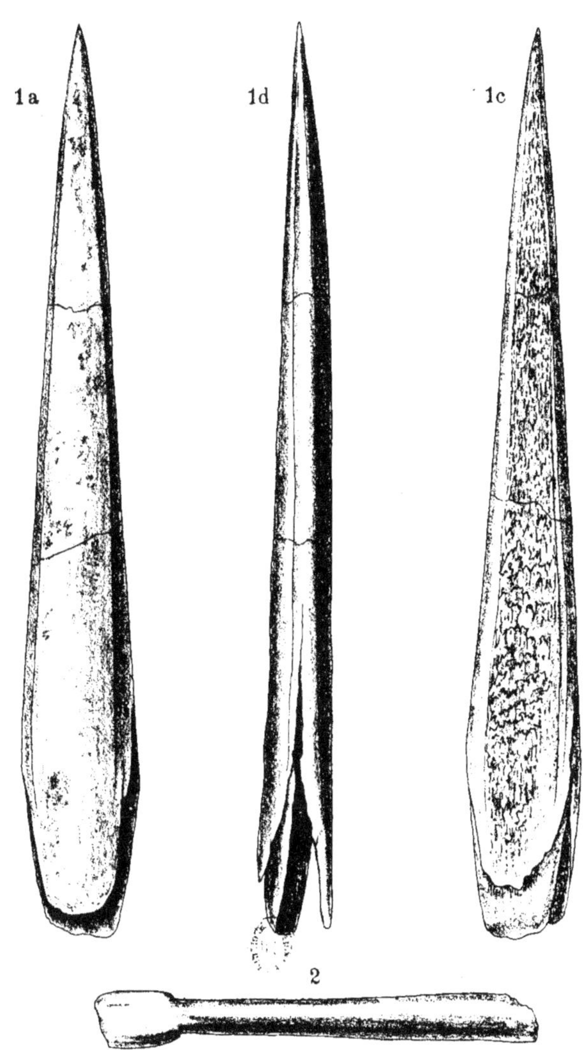

POINTES A FENTE

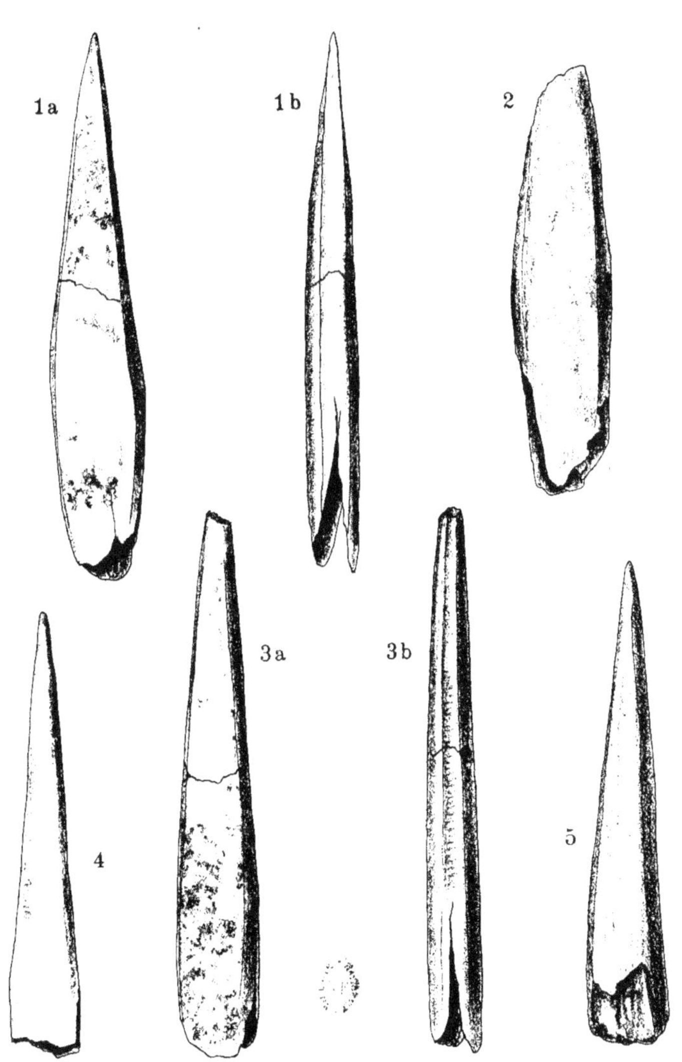

POINTES A FENTE

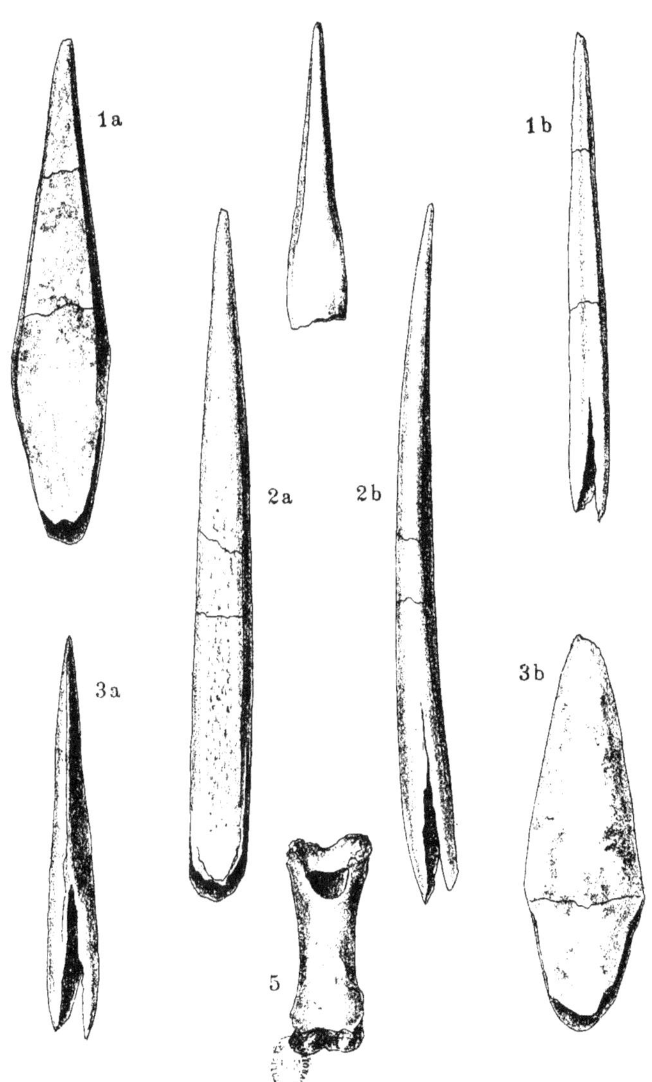

POINTES A FENTE

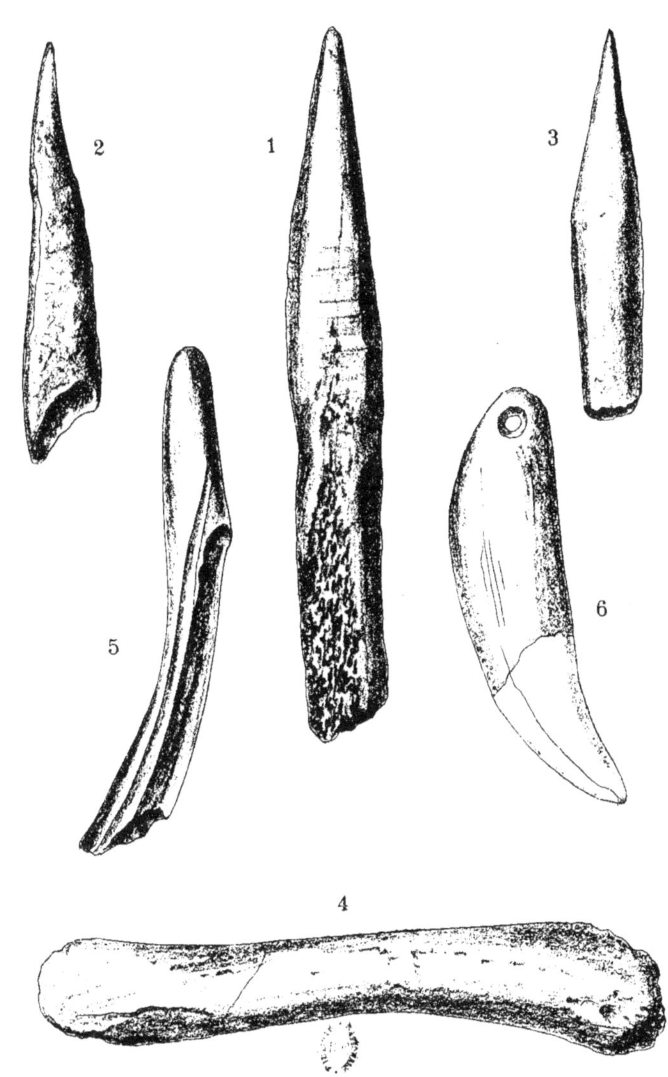

POINÇONS — PENDELOQUE

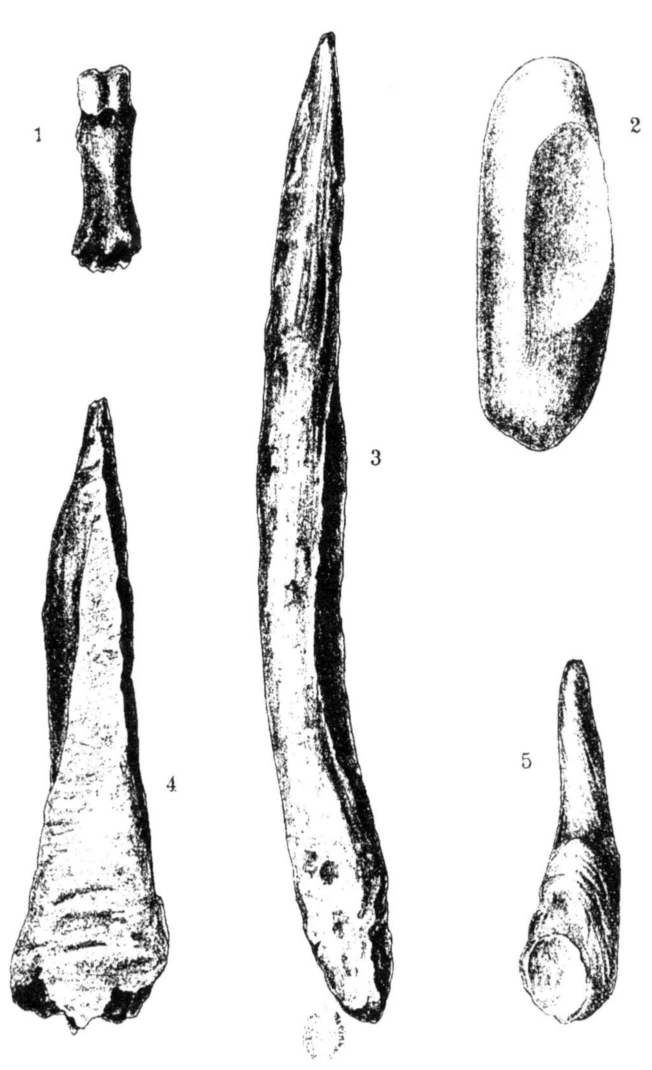

PENDELOQUE — POINÇONS

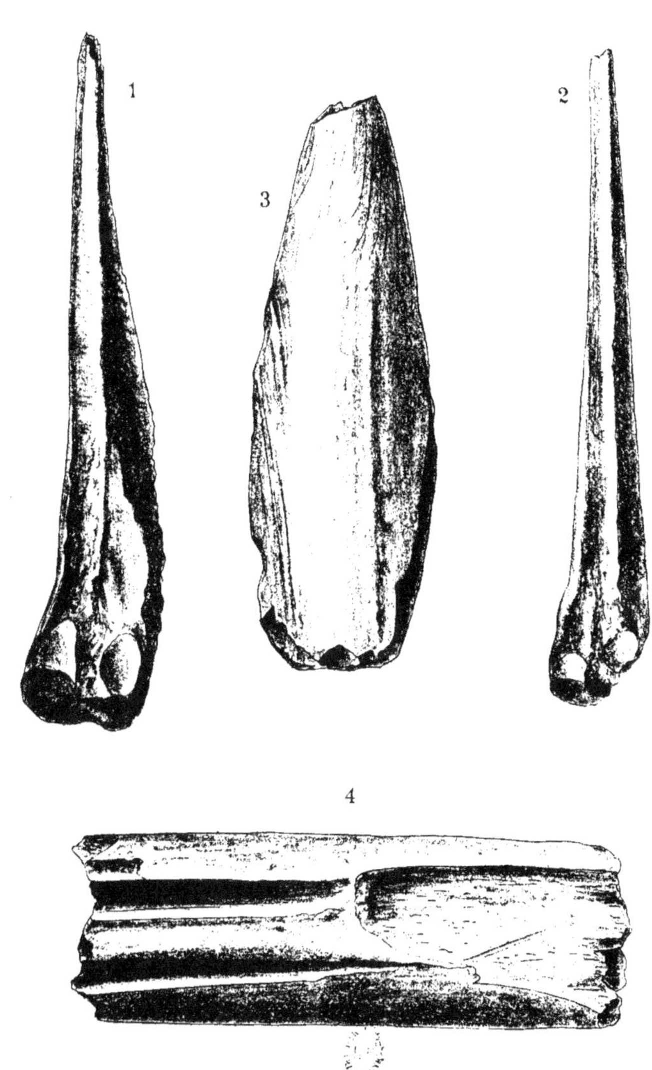

POINÇONS — BOIS DE RENNE SCIÉS

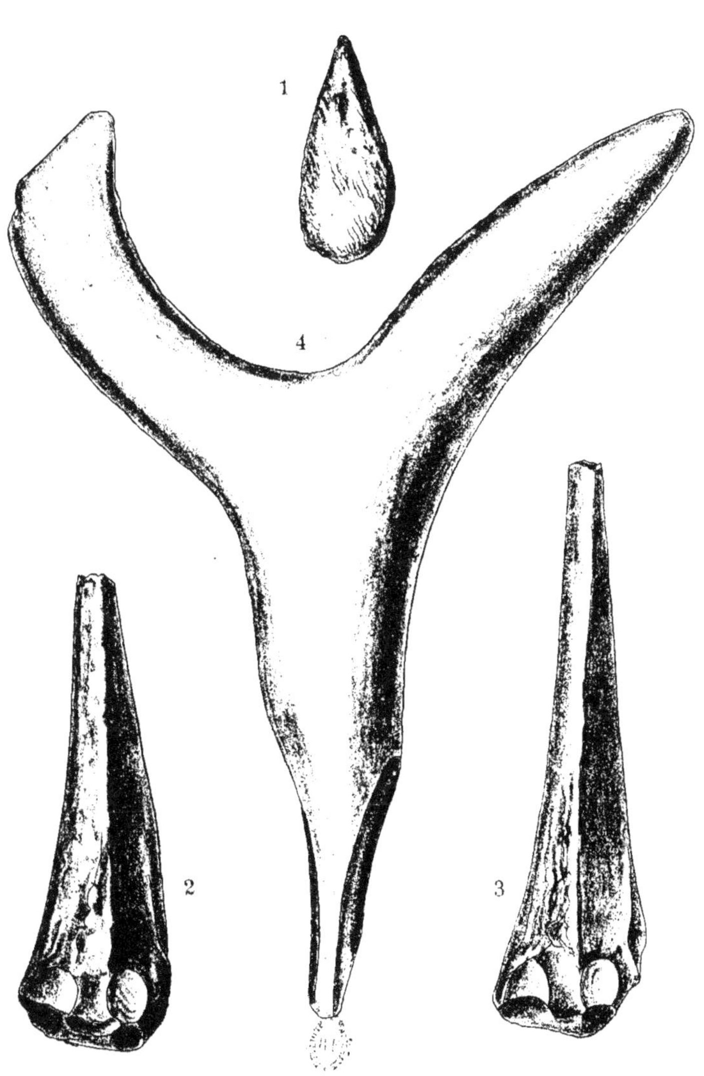

POINÇONS — BOIS SCIÉS

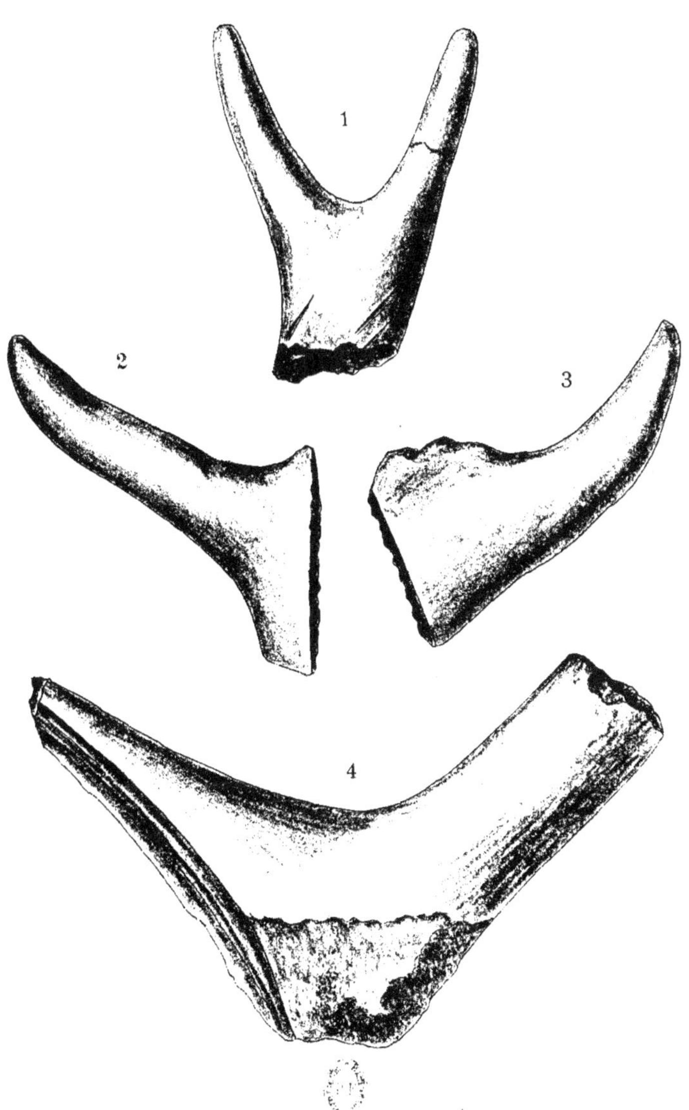

BOIS DE RENNE SCIÉS

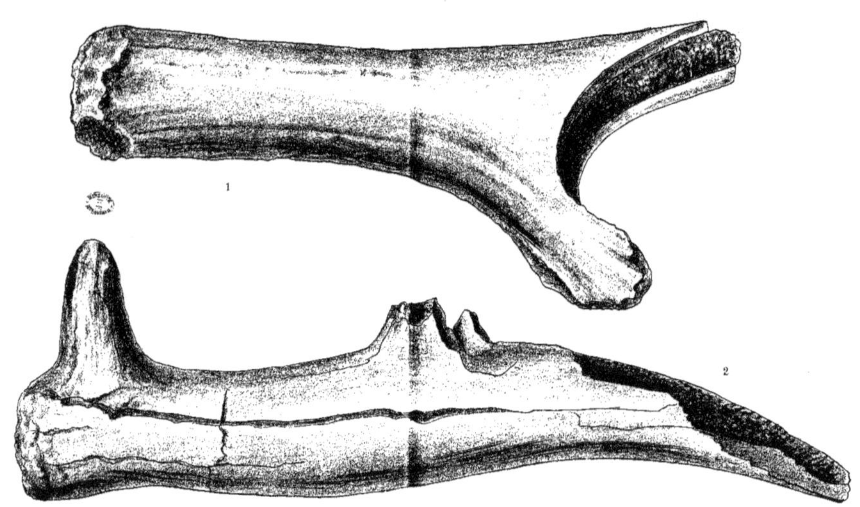

BOIS DE RENNE SCIÉS

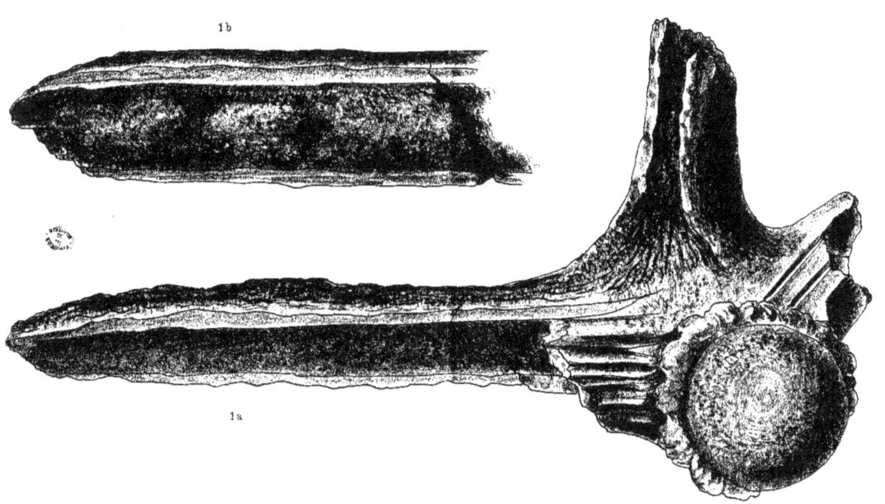

POIGNARD EN BOIS DE GRAND CERF

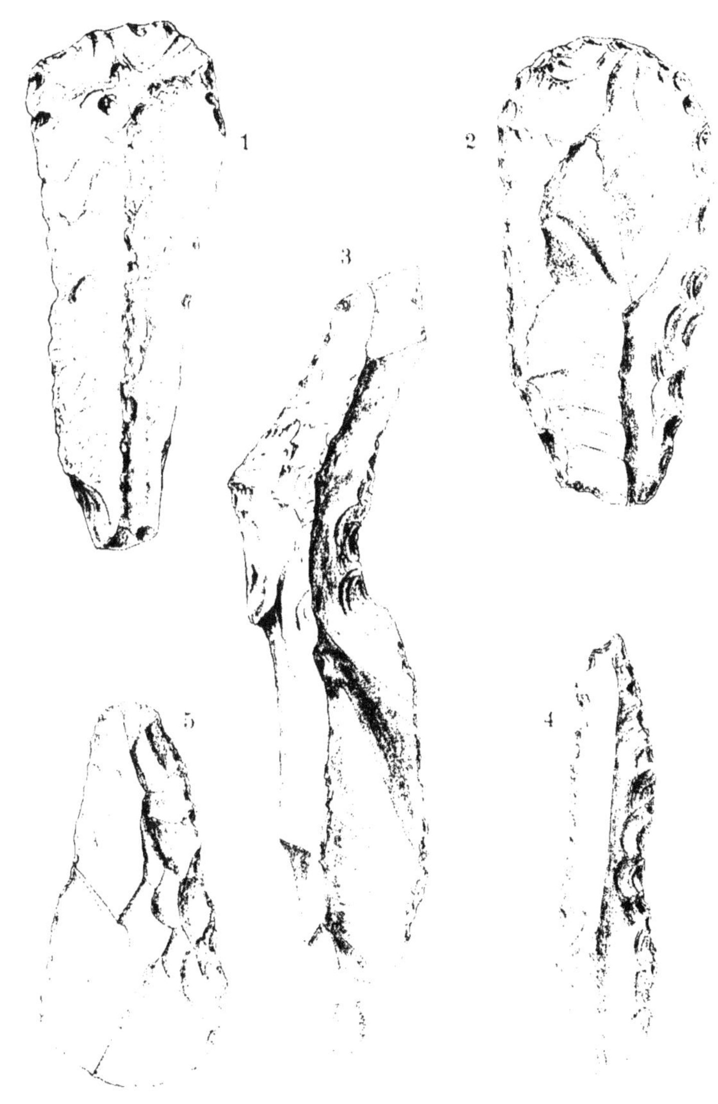

GRATTOIRS

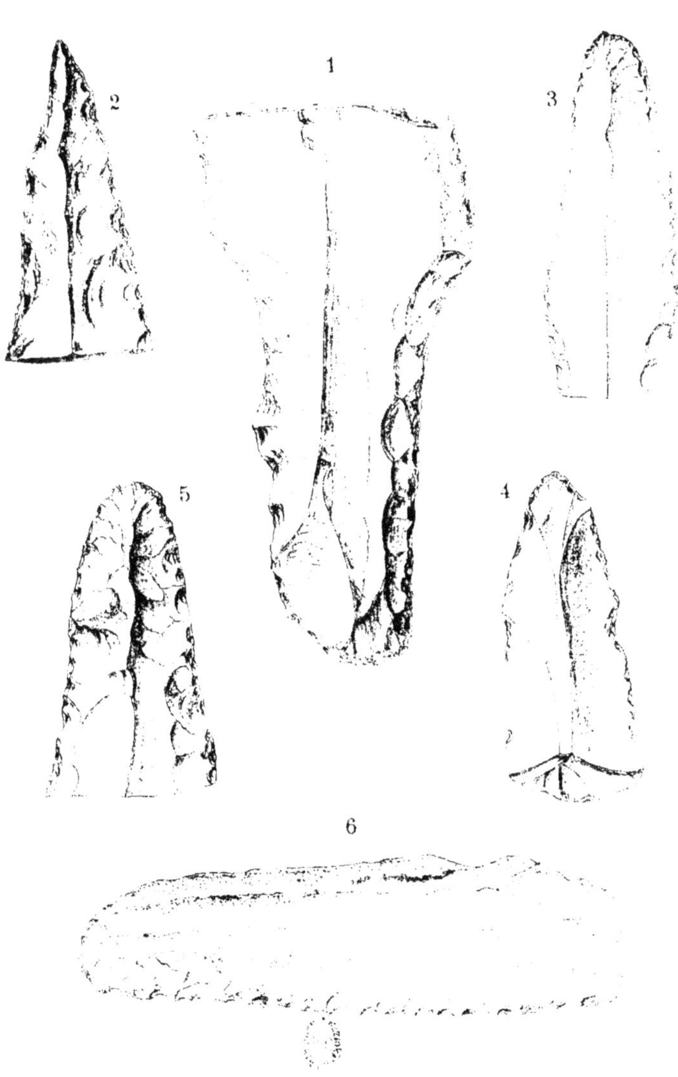

POINTES — SCIE

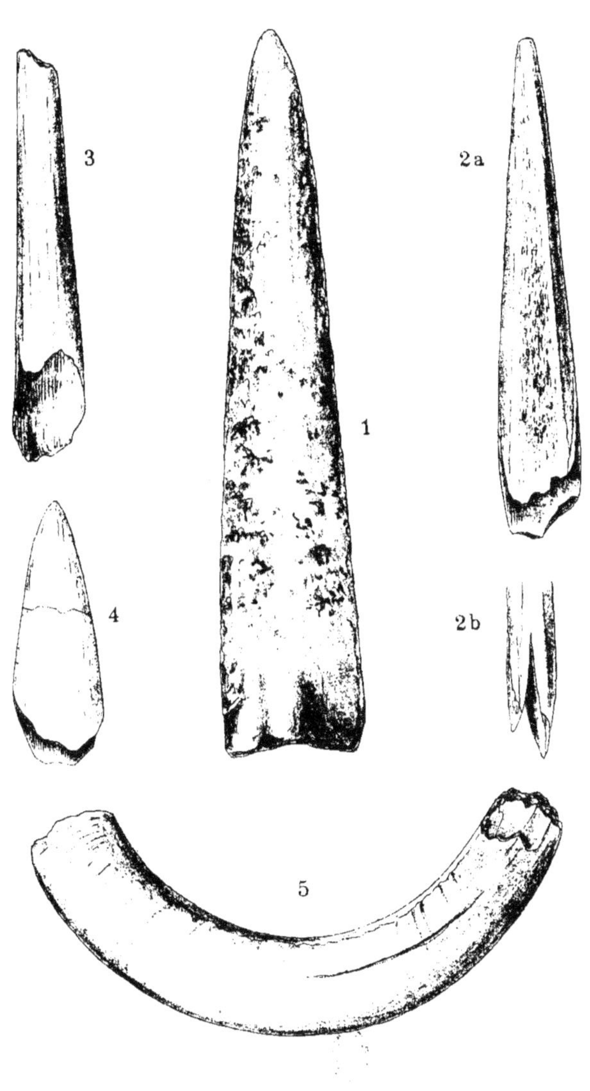

POINTES A FENTE

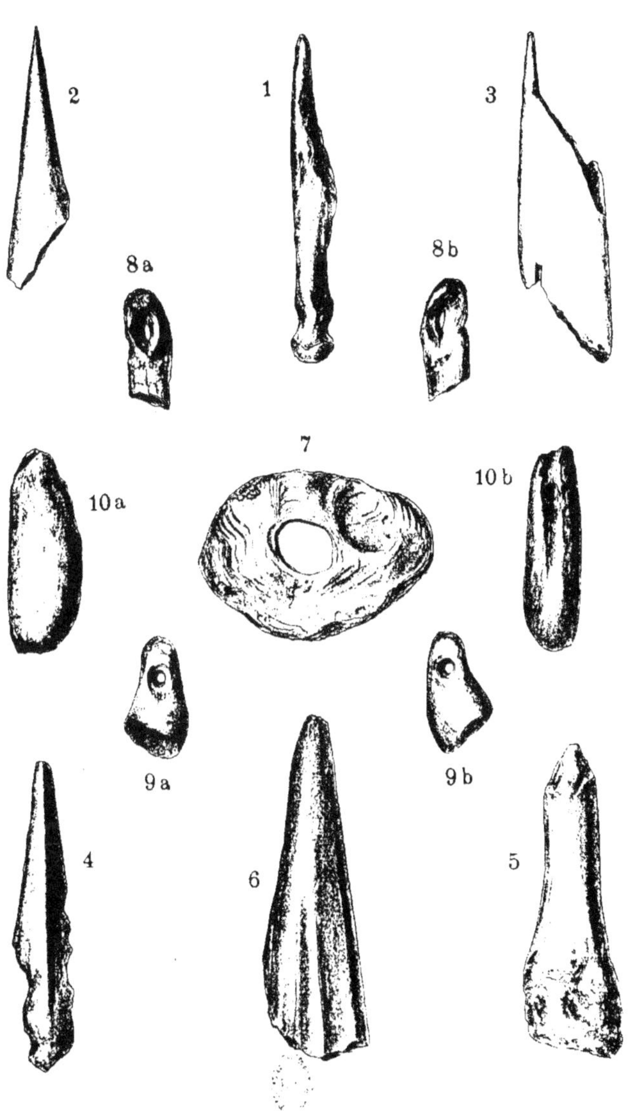

POINÇONS — PENDELOQUES